해리 포터의 작가
조앤 롤링

글_김경순

서울예술대학에서 문예창작을 공부했습니다. 출판사에서 어린이책을 편집하다가 지금은 동화작가로 활동하고 있습니다. 변두리에 사는 사람들에 대한 관심이 많고, 따뜻한 시선으로 그들을 지면에 올리는 작업을 하고 있습니다. 작품으로는 『아름다운 사람 박원순』이 있습니다.

그림_이지훈

서울에서 태어나 중부대학교에서 시각디자인을 전공했으며, 다양한 일러스트로 작업 활동을 하고 있습니다. 2006년에는 '서울 캐릭터 페어', '일본 도쿄 기프트 쇼'에 참가하였습니다. 그린 책으로는 『도리언 그레이의 초상』, 『거위의 꿈, 폴 포츠』 등이 있습니다.

해리 포터의 작가

조앤 롤링

김경순 글 | 이지훈 그림

리젬

차 례

이야기에 푹 빠진 아이 9
이름수집가의 탄생 27
엄마가 아프다고? 38
사회에 도움이 되는 일을 하고 싶어 . . . 57
해리 포터를 발견하다 73
먹구름 가득한 날들 90
세상을 바꾼 상상력 108

나오는 사람들

피터 롤링
조앤의 아빠. 기차에서 앤을 만나 결혼해서 조앤과 디 두 딸을 낳는다. 가족들에게 다정다감한 아빠이자 남편이었으나 불치병에 걸린 아내를 먼저 떠나보낸다.

앤 롤링
조앤의 엄마. 책을 좋아해 조앤이 어릴 때부터 많은 이야기를 들려준다. 긍정적이고 밝은 성격이었으나 다발성경화증에 걸려 마흔다섯 살에 세상을 떠난다.

조앤
조앤 롤링. 어릴 때부터 이야기와 책을 좋아한다. 하지만 작가의 꿈을 접고 아빠의 의견대로 대학 졸업 후 비서직으로 취직한다. 회사에서 두 번이나 쫓겨나고 결혼 생활 실패로 가난에 시달리지만 해리 포터 시리즈의 성공으로 유명한 작가가 된다.

디 롤링

조앤의 동생. 어릴 때부터 언니인 조앤을 잘 따르며 조앤이 지은 이야기를 좋아한다. 조앤이 이혼하고 가난에 시달릴 때 옆에서 많은 힘을 주며 언니의 글을 응원한다.

호르헤

호르헤 아란테스. 포르투갈의 재즈 바에서 영어 강사인 조앤을 처음 만난다. 조앤과 결혼해서 제시카를 낳는다. 처음엔 다정했으나 직장을 잃고 술을 자주 마시면서 조앤과 결국 이혼한다.

크리스토퍼 리틀

크리스토퍼 리틀 에이전시의 대표. 〈해리 포터와 마법사의 돌〉의 가능성을 발견하고 출간하기 위해 온갖 정성을 쏟는다. 결국 조앤의 작품은 1996년 블룸즈베리 출판사에서 출간된다.

이야기에 푹 빠진 아이

"집 안이 온통 책으로 뒤덮여 있었고,
부모님은 끊임없이 내게 책을 읽어 주셨어요."

역은 군인들로 북적거렸다. 피터 롤링은 휴가를 마치고 부대로 돌아가기 위해 기차표를 들고 있었다. 승강장으로 빠져나가는 줄 맨 끝에 서 있던 그는 내내 심드렁한 표정이었다. 휴가 기간 내내 집에서 아버지의 일을 돕느라 시간을 다 보냈기 때문이었다.

기차에 오른 피터 롤링은 기차표의 좌석 번호를 확인했다. 그러고는 자리를 찾느라 두리번거렸다. 그런데 창문 쪽 47번에 이미 누군가가 앉아 있었다. 그는 다시 기차표를 확인했다. 분명히 창문 쪽 47번이었다.

"저……, 여긴 제 자리인데요."

"아, 잠시만요."

창에 머리를 기댄 채 눈을 감고 있던 여자가 가방에서 기차표를 찾았다. 피터 롤링은 그 여자의 움직임을 가만히 살펴보았다. 단정하게 다듬은 금발의 머리카락이 눈에 들어왔다.

"아, 죄송합니다. 저는 46번이네요. 창가 쪽이 아니었군요."

여자가 다급하게 가방을 들고 일어서려 했다.

"괜찮습니다. 그냥 그 자리에 앉으세요. 전 어차피 잠만 자면 되거든요."

"고맙습니다."

하지만 정작 기차가 출발하자 금세 잠에 든 사람은 피터 롤링이 아니라 그 여자였다. 피터 롤링은 창밖을 보다가 그 여자의 옆모습을 살짝 훔쳐보았다. 화장을 하지 않고 귀걸이도 없는 수수한 모습이었다. 그 여자의 얼굴에는 약간의 피로가 묻어 있는 듯했다. 그것은 기차에 탄 사람들 대부분이 휴가를 보내고 복귀하는 군인이었기에 쉽게 알 수 있었다.

여자는 한참을 꾸벅꾸벅 졸다가 가만히 눈을 떴다.

"부대로 돌아가는 길인가 보군요."

피터 롤링이 조심스럽게 말을 걸었다.

"네, 맞아요."

그녀도 군인이었다.

"저도 부대로 돌아가는 중이에요."

"아, 네……."

창 쪽으로 기대어 있던 여자가 피터 롤링 쪽으로 고개를 돌렸다. 그녀는 피터 롤링의 점잖은 목소리와 깔끔한 외모에 호감을 느꼈다. 여자는 가방을 뒤적거리더니 껌을 꺼내 그에게 내밀었다. 창가 쪽 자리를 양보해 준 것에 대한 고마움의 표시였다.

"고맙습니다."

"뭘요."

그때부터 두 사람은 이런저런 이야기를 나누었다. 같은 군인이어서 그런지 말이 잘 통했다.

"나이를 물어봐도 될까요?"

"그럼요. 전 열여덟 살이에요."

"정말요? 저랑 동갑이시네요."

나이가 같은 두 사람은 훨씬 편하게 이야기를 주고받았다. 대부분은 책에 관한 내용이었고 간혹 자연에 대한 이야기도 나누었다. 두 사람은 대화를 할수록 마음이 잘 맞는다는 생각이 들었다.

어느덧 기차가 도착지에 멈춰 섰다. 두 사람은 아쉬운 표정으로 아무 말 없이 창밖을 바라보았다. 서로 말은 안 했지만 두 사람 다 이것이 끝이 아니길 간절히 바라고 있었다. 결국 피터 롤링의 제안으로 두 사람은 주소를 주고받았다.

그 후, 두 사람은 서로에게 편지를 썼다. 사소한 이야기에서부터 힘든 훈련 후 서로 용기를 북돋아 주는 내용까지 다양했다. 다음 휴가 때는 기차를 같이 타고 고향으로 가자는 내용도 있었다.

1년이 지난 어느 날, 휴가를 마친 피터 롤링은 기차에 타고 있었다. 옆자리에는 그녀가 앉아 있었다. 피터 롤링은 여느 때와 달리 조용히 창밖만 쳐다보았다. 기차가 다음 역에 도착하면 그녀를 몇 개월 동안 만날 수 없기 때문이었다.

그는 호주머니에 손을 쑥 집어넣었다. 그러고는 빨간 포장지로 싼 상자 하나를 그녀의 무릎 위에 올려놓았다.

"뭐죠?"

"열어 봐요."

그녀는 조심스럽게 포장지를 벗겼다. 상자를 여니 반짝거리는 반지가 있었다.

"난 당신이 앤 롤링이 되었으면 해요. 나와 결혼해 줘요."

피터 롤링의 말이 끝나자마자 기차가 역에 도착했다. 두 사람은 급하게 근처에 있는 교회로 달려갔다. 4시 25분. 시간이 없었다. 두 사람은 오후 6시까지 부대로 들어가야만 하는 군인이었다.

교회 안은 아무도 없었고 목사는 낮잠을 자고 있었다. 피터 롤링은 목사를 조심스럽게 깨워 결혼식을 부탁했다. 두 사람의 결혼을 축하해 주는 사람은 아무도 없었지만 그들은 그 어떤 부부보다도 행복했다.

"신혼집은 어디가 좋을까요? 직장을 생각하면 시내 쪽이 좋긴 한데……."

피터 롤링이 말했다.

"그렇죠……, 그런데 우리 둘 다 전원에서 살기를 꿈꾸었잖아요. 그러니까 근교에 살 만 한 집을 알아보는 게 어때요? 우리 아이들은 자연을 늘 접하면서 살았으면 좋겠어요."

"좋은 생각이에요. 근교이니 집값도 저렴하겠죠?"

두 사람은 영국 웨일스의 치핑 소드베리라는 작은 마을로 이사해 신혼살림을 시작했다. 그리고 1965년 7월 31일, 이 작은 마을에서 21세기 최고의 작가 조앤 롤링이 태어났다.

☆

롤링 부부는 둘 다 책을 좋아했다. 그래서 거실 한쪽 벽면을 모두 책장으로 채웠다. 거기에 가득 꽂힌 책들 가운데는 환상 이야기를 다룬 책들이 많았다.

부부는 번갈아 가며 갓난아기인 조앤에게 책을 읽어 주었다. 주로 요정이나 기상천외한 인물들이 등장하는 이야기였다.

"여보, 방금 들었어요? 조앤이 말을 했어요!"

옹알이를 하던 조앤은 하루가 다르게 말하는 단어가 늘어났다. 다른 아이들은 한두 개의 단어로 말했지만 조앤은 같은 또래의 아이들보다 더 많은 단어를 이용해서 말했다. 그래서 엄마는 더욱 바빠졌다.

"조앤, 이제 그만 자자. 엄마가 자장가 불러줄게."

"싫어요. 책 더 읽어 주세요."

"벌써 다섯 권이나 읽어 줬잖니. 안 졸리니?"

"그럼 한 번만 더 읽어 주세요, 엄마! 제발요……."

조앤이 큰 목소리로 졸랐다.

"쉿! 동생이 자고 있으니 조용히 얘기해야지."

엄마가 입술에 검지를 대고 작은 목소리로 말했다. 그러자 조앤도 엄마를 따라 입술에 검지를 대며 고개를 끄덕거렸다.

이런 실랑이는 어제오늘의 일이 아니었다. 조앤은 밤만 되면 엄마에게 책을 읽어 달라고 졸랐다. 엄마도 책을 좋아하긴 했지

만, 이제 네 살짜리 아이에게 읽어 주기에는 너무 많은 책이었다.

"그러면 한 권만 더 읽어 줄게. 대신 그 다음엔 불 끄고 잔다고 약속해."

조앤은 아쉬운 마음에 입을 쭉 내밀었다. 하지만 한 권 더 들을 수 있다는 생각에 방긋 웃으면서 약속했다.

"네, 엄마!"

엄마가 읽어 주는 이야기를 들으면 온갖 동물들과 요정들이 춤을 추며 조앤에게 말을 걸어왔다. 조앤은 이불을 끌어올리며 혼자 킥킥거렸다. 이 동물들과 요정들은 그대로 조앤의 꿈속에까지 등장하곤 했다.

조앤의 방 창문 커튼 사이로 아침 햇살이 가득 쏟아졌다. 다른 날 같았으면 침대에서 벌떡 일어나 엄마에게 책을 읽어 달라고 조를 시간이었다. 하지만 조앤은 침대에 그대로 누워 끙끙 앓고 있었다. 밤새 열에 시달린 조앤의 몸에는 좁쌀만 한 붉은 점들이 여기저기 번져 있었다.

"여보, 빨리 병원에 데려가야겠어요."

롤링 부부는 조앤을 데리고 헐레벌떡 병원 응급실로 갔다. 진단을 마친 의사는 조앤이 홍역에 걸린 것이라고 말했다.

"엄마, 제 몸에 왜 이런 게 난 거예요?"

엄마는 등에 업힌 조앤을 돌아보며 속삭였다.

"홍역에 걸려서 그런 거야. 홍역은 한번 앓고 나면 다시는 걸리지 않고 낫는 병이니까 괜찮단다."

조앤은 다행히 고비를 넘겼지만, 몸이 약해서 홍역이 금방 낫지는 않았다. 부모님의 걱정은 날로 커져만 갔다.

"오늘은 좀 어떠니?"

아빠는 퇴근하자마자 조앤이 누워 있는 침대로 다가왔다. 조앤의 머리에 손을 얹어 보니 아직도 열이 나고 있었다. 눈을 감고 있던 조앤은 천천히 눈을 떴다. 아빠는 안타까운 표정으로 조앤을 바라보았다.

"아빠……."

"응, 말해 보렴."

"책 읽어 주세요."

아빠는 깜짝 놀랐다. 이렇게 아픈 데도 책이라니. 조앤은 동생과는 달리 이야기책을 너무나 좋아했다.

"그래, 어떤 책을 읽어 줄까?"

조앤은 망설이지 않고 바로 대답했다.

"버드나무에 부는 바람이요."

"그건 여러 번 읽어 준 책이잖니."

"또 듣고 싶어요. 한 번 더요."

아빠는 책장에서 『버드나무에 부는 바람』을 빼들고는 다시 침대에 걸터앉았다. 그러고는 열이 나서 붉어진 조앤의 얼굴을 쓰다듬었다. 조앤은 벌써 기대에 찬 눈빛이었다. 아빠는 '흠흠' 하고 목을 가다듬고는 책을 읽기 시작했다.

"두더지 모울은 봄을 맞아 집 안을 대청소하느라 아침 내내 바빴다……."

아빠는 한 문장을 읽고는 조앤을 바라보았다. 조앤의 표정은 더 이상 아픈 아이가 아니었다. 조앤의 반짝이는 눈 속에서는 이미 책 속에 나오는 두더지, 두꺼비, 물쥐, 오소리 등이 뛰어놀고 있었다.

아빠가 책 중간 정도까지 읽었을 때 조앤의 눈이 스르르 감겼다. 아빠는 가만히 읽던 책을 내려놓고 조앤의 얼굴을 들여다보았다.

'얼른 병이 나아야 할 텐데…….'

아빠는 조앤의 목 부분까지 이불을 끌어올려 덮어 주었다. 조앤은 꿈속에서 동물들의 손을 잡고 신나게 뛰어놀았다. 조앤의 얼굴은 홍역 때문이 아니라 너무 신나고 즐거워서 붉어진 것처럼 보였다.

☆

동생 디가 침대에서 막 일어난 조앤에게 다가왔다.

"언니, 이제 괜찮아?"

조앤은 말개진 얼굴로 환하게 웃었다. 그러고는 사랑스러운 동생의 얼굴을 쓰다듬으며 말했다.

"응, 이제 괜찮아."

"그럼 이제 나랑 놀아도 돼?"

조앤은 디를 데리고 침대 밑으로 들어갔다. 침대 밑은 둘이 좋아하는 장소였다.

"디, 그동안 언니가 못 놀아 줬으니까 재미있는 이야기 하나 해 줄게."

"정말? 와, 신난다! 어서 해 줘."

"음, 무슨 이야기를 해 줄까?"

조앤은 곰곰이 생각에 잠겼다.

"아, 생각났다. 예이트에 사는 세 살짜리 여자아이 디가 숲 속으로 소풍을 갔어. 이 꽃 저 꽃 보면서 숲 속을 걷고 있는데 저쪽에서 토끼 한 마리가 나타난 거야. 그래서 디는 토끼를 따라 뛰어갔지. 그런데 아무리 뛰어가도 토끼를 잡을 수가 없었어."

"그새 토끼가 사라졌어?"

"응, 그래서 디는 너무 실망스러웠어. 터덜터덜 다시 되돌아가다가 그만……."

"어떻게 된 거야, 응? 어서 말해 봐, 언니."

"어떻게 되었냐 하면, 토끼 굴에 쑥 빠져 버렸어!"

"악! 그러면 어떡해. 디는 어떻게 됐어?"

"토끼 굴에 빠졌는데 그 안에는 토끼 가족이 살고 있었어. 토끼 가족은 디를 보고 깜짝 놀랐어. 디도 깜짝 놀랐지만 먼저 인사를 건넸지."

"안녕? 이렇게?"

디가 왼쪽 손을 흔들더니 방긋 웃으며 말했다.

"크크, 맞아. 그러자 엄마 토끼가 디에게 먹음직스러운 딸기를 한 아름 가져다 줬어. 디와 토끼 가족은 아주 맛있게 딸기를 먹었지."

"우와, 맛있겠다!"

"엄마한테 딸기 달라고 할까?"

"응, 언니! 딸기 먹으러 가자."

디는 침대 밑에서 쪼르르 기어나가 부엌으로 뛰어갔다. 조앤은 그런 동생을 보며 미소를 지었다.

다음 날, 조앤은 누군가 깨우는 소리에 눈을 떴다.

"언니! 어서 일어나. 언니, 언니!"

동생 디였다.

"왜 그래?"

"언니, 어제 해 준 이야기 또 해 줘. 응?"

"어제 해 준 이야기?"

"응, 토끼 굴에 디가 빠진 이야기 말이야."

"알았어. 해 줄게."

조앤은 어제 디에게 했던 이야기를 다시 들려주었다.

"아니야. 그 이야기가 아니잖아."

"똑같은 이야기인데?"

"어제는 디가 먼저 토끼 가족에게 인사했잖아."

조앤은 고개를 갸우뚱했다. 어제 했던 이야기지만 자세한 것까지 기억하기는 힘들었다.

"언니, 다시 해 줘."

"그래, 다시 해 줄게."

하지만 조앤은 어제 했던 이야기와 완전히 똑같이 들려줄 수는 없었다. 글로 쓴 것이 아니었기 때문이었다. 디는 계속해서 졸랐지만 조앤도 더는 어쩔 수가 없었다.

"디, 아무리 생각해도 어제와 똑같이 이야기하기는 힘들어. 미안해."

며칠 동안 이런 일이 반복되었다.

조앤은 매일 새로운 이야기를 동생에게 들려주었다. 디는 그 이야기 중 재미있다고 생각한 것은 여러 번 반복해서 듣고 싶어 했다. 물론 완전히 똑같이 말이다.

☆

"디, 이리 와 봐. 언니랑 플라타너스 그늘에 가서 놀자."

조앤이 큰 소리로 디를 불렀다.

"왜? 나 지금 샌드위치 먹고 있어."

"샌드위치는 이따가 먹어."

조앤은 디의 대답을 듣기도 전에 디의 손목을 잡고 집 건너편에 있는 플라타너스 아래로 갔다.

"언니, 뭐하려고 그래?"

"지금부터 언니가 지은 이야기를 들려줄게."

조앤은 여느 날과 같이 디에게 이야기를 들려주려고 했다. 그런데 예전과 다른 것이 있었다. 조앤의 한 손에는 노트가 들려 있었다.

"언니, 그 노트는 뭐야?"

"앞으로는 언니가 지은 이야기를 여기에다가 써서 들려줄게. 그러면 언제든 똑같이 들려줄 수 있어. 글자 하나 다르지 않게 똑같이!"

"우아, 정말?"

그 당시 조앤은 토끼에 푹 빠져 있었다. 그래서 조앤의 상상 속이나 꿈속에서도 항상 토끼가 빠지지 않았다. 디에게 들려주는 이야기에서도 마찬가지였다.

"자, 이제 읽어 줄게. 잘 들어 봐. 한 소녀에게 작은 토끼 인형이 있었어요. 그런데 이 토끼 인형은 진짜 토끼가 되고 싶었지요. 토끼 인형은 매일 밤 간절히 기도했어요. 진짜 토끼가 되게 해달라고 말이에요……."

"하나님이 기도를 들어줬어?"

조앤은 계속해서 이야기를 읽었다.

"그러던 어느 날 하나님이 토끼 인형의 기도를 들어주었어요. 진짜 토끼가 된 토끼 인형은 막상 어디로 가야 할지 몰랐어요. 창문을 넘어 들판으로 깡충깡충 뛰어나간 토끼는 마침내 커다란 굴 앞에 도착했어요."

"굴? 여기처럼 캄캄한 굴?"

디가 땅 위로 드러난 플라타너스 뿌리 사이로 생긴 작은 굴을 가리키며 물었다.

"아니, 이것보다 훨씬 큰 굴이야. 캄캄해서 아무것도 안 보이는 아주 커다란 굴."

"그러면 토끼가 어떻게 굴속으로 들어가? 캄캄하면 무서울 텐데."

조앤이 디 옆에 앉으며 대답했다.

"그 굴속에는 토끼를 반겨 줄 친구들이 많이 있어. 그러니까 어두워도 하나도 안 무서울 거야."

"아니야, 무서울 거야. 난 어두운 게 싫단 말이야."

디는 금방이라도 울음을 터뜨릴 것만 같았다.

"디, 이야기를 계속 들어 봐. 토끼는 울지 않았어."

조앤은 디의 머리를 쓰다듬은 후 계속 이야기를 읽었다.

"진짜 토끼가 된 토끼 인형은 처음에는 너무 캄캄해서 겁이 났어요. 하지만 조금 더 걸어가니까 갑자기 밝아졌어요. 그곳에는 신기하게 생긴 나무와 꽃, 집들이 있었지요. 토끼는 냄새를 맡아 보았어요. 태어나서 처음 맡는 향기였지요. 토끼는 이곳저곳을 살펴보았어요. 여기저기에서 동물들이 나타나서 오히려 토끼를 신기하게 쳐다보았지요."

"토끼한테 막 나가라고 하지 않았어?"

"응, 그러진 않았어. 그런데 동굴 구경을 열심히 하던 토끼가 그만 병이 났어요. 홍역에 걸린 것이었지요. 그때까지 토끼를 바라만 보던 동물들이 하나씩 토끼에게 다가왔어요. 그리고 쓰러진 토끼를 오소리네 집으로 데리고 갔지요. 토끼는 오소리네 집 침대에 누웠어요. 그때 꿀벌 한 마리가 '앵' 소리를 내며 나타났어요. 그러자 오소리가 물었어요. '꿀벌 부인, 어쩐 일이세요?' 그러자 꿀벌 부인이 대답했어요. '낯선 토끼가 여기에 왔다고 들었어요. 얼굴이나 좀 보려고요.'"

"꿀벌 부인?"

"응, 꿀벌 부인은 어떤 병도 다 고치는 마법사야. 꿀벌 부인은 토끼의 붉은 귀를 보고는 깨끗이 고쳐 주었어요. 그리고 토끼가 무사히 집으로 돌아갈 수 있도록 길을 안내해 주었지요."

이 이야기가 조앤이 종이에 최초로 쓴 〈토끼와 꿀벌 부인〉이었다. 첫 독자는 물론 동생 디였다.

이름수집가의 탄생

"여기에 있는 비석들을 봐. 특이한 이름이 많지? 짧게나마 이 사람들이 어떻게 살다가 죽었는지도 씌어 있어. 꼭 책을 읽는 것 같아. 이 사람들의 이야기가 들리거든……."

이제 조앤에게는 비밀 노트가 생겼다. 조앤은 이 노트에 머릿속에 떠오른 이야기나 꿈에서 만난 신비로운 동물들과 사람들에 대해서 적었다. 뿐만 아니라 마음에 드는 이름이나 지명들도 빠짐없이 적어 두었다.

"도시 이름이 바스(목욕)라니, 너무 웃기다. 적어 놓아야지."

"언니, 뭐가 그렇게 재밌어?"

디가 혼자서 키득거리는 조앤에게 물었다.

"응, 바스 때문에. 너무 웃기지?"

"바스? 그게 왜 웃겨? 난 하나도 안 웃긴데……."

"도시 이름이 목욕이잖아. 그곳에는 온통 목욕탕만 있을 것 같아. 온천이 유명하다고는 하지만 그래도 너무 재밌다. 킥킥."

디는 도무지 영문을 모르겠다는 듯 고개를 갸우뚱거렸다. 그러고는 조그만 입으로 '바스'를 여러 번 반복해서 말해 보았다. 하지만 언니가 무엇 때문에 재미있다고 말하는 것인지 이해할 수가 없었다.

"언니는 이상한 것만 좋아해."

조앤은 여전히 키득거리며 노트에 적느라 디의 말에 대꾸조차 못했다.

그때 엄마가 조앤과 디를 불렀다.

"애들아, 잠깐 이리 오렴."

둘은 엄마와 아빠가 기다리고 있는 거실로 갔다. 아빠는 쪼르르 달려온 디를 무릎에 앉혔다. 어느덧 초등학교에 입학한 조앤은 소파에 얌전히 앉았다.

"애들아, 이 동네에 정이 들었는데 또 이사를 가야 할 것 같구나."

조앤은 아빠의 말에 두 눈이 커졌다.

"여기에 이사 온 지 얼마 안됐잖아요?"

일 년 전쯤 이곳 예이트로 이사 왔지만 부부는 또다시 윈터본

이라는 소도시로 이사하기로 결심했다. 주변 경치가 더 뛰어나다는 이유 때문이었다.

다행히 조앤과 디는 새로 이사 간 동네에도 잘 적응했다. 둘은 동네 아이들과 골목 어귀를 뛰어다니며 놀았다. 특히 조앤은 선머슴처럼 아주 활달했다.

그날도 조앤과 디는 바깥에서 한참 뛰어놀다가 집으로 들어왔다. 둘은 누가 먼저랄 것도 없이 낮잠에 빠져들었다.

한 시간쯤 지났을까? 조앤이 먼저 낮잠에서 깼다. 부스스 일어난 조앤은 부엌으로 가 물을 한 잔 마셨다. 그리고는 책장에서 책을 한 권 빼서 현관문을 나섰다. 디는 어느새 잠에서 깨어 밖으로 나가는 조앤의 뒷모습을 보았다.

'언니 혼자 어디 가는 거지?'

디는 궁금했지만 조앤이 금방 돌아올 거라고 생각했다. 하지만 디가 잠에서 다시 깼을 때도 조앤은 돌아오지 않았다.

"철컥."

그때 현관문 여는 소리가 들렸다. 조앤을 본 디는 벌떡 일어났다.

"언니, 나만 두고 어디 갔었어? 한참을 기다렸잖아."

하지만 조앤은 대답 없이 방으로 올라가려고 했다.

"언니! 내 말 들었어? 어디 갔다 온 거냐고."

조앤은 그제야 디를 향해 활짝 웃으면서 말했다.

"밖에서 놀다 왔어. 내일은 같이 놀자."

디는 환하게 웃는 언니를 보니 더 이상 따질 수 없었다. 하지만 끝까지 어디를 갔다 왔는지 말하지 않는 언니가 수상쩍었다.

다음 날 오후, 디는 낮잠을 자는 척하며 언니가 나가기만을 기다렸다. 역시나 조앤은 살그머니 일어나 밖으로 나갔다. 디는 실눈을 뜨고 언니의 뒷모습을 바라보다가 천천히 자리에서 일어났다.

집을 나선 조앤은 큰길 건너편에 있는 오솔길을 따라 걸어갔다. 그 길은 동네와 멀어지는 방향으로 나 있었다. 디는 언니의 행동을 이해할 수 없었지만 끝까지 따라가 보기로 마음먹었다.

조앤은 오솔길을 계속 따라 올라가다가 걸음을 멈추었다. 뒤따라가던 디는 깜짝 놀랐다. 그곳은 다름 아닌 공동묘지였다. 디는 무서운 마음에 언니의 이름을 부르며 뛰어갔다.

"으아악! 언니!"

조앤은 뒤를 돌아보더니 깜짝 놀랐다.

"디! 여기까지 따라온 거야?"

"응……, 언니가 나만 두고 어딜 가는지 궁금했어."

"그럼 낮잠을 안 자고 계속 기다렸던 거야?"

"응, 언니가 어디 가는지 말도 해 주지 않았잖아."

조앤은 디의 양 볼을 쓰다듬었다. 그러고는 디의 손을 잡고 무덤 사이를 천천히 거닐었다.

"여기에 있는 비석들을 봐. 특이한 이름이 많지? 짧게나마 이 사람들이 어떻게 살다가 죽었는지도 씌어 있어. 꼭 책을 읽는 것 같아. 이 사람들의 이야기가 들리거든……."

"언니는 정말 이상한 것만 좋아해. 그런데 언니 말을 들으니까 하나도 안 무서워. 이곳이 재미있는 놀이터 같아."

"응, 그리고 아주 조용하잖아. 책 읽기에는 딱이야."

조앤은 들고 온 『나니아 연대기』를 펼쳤다. 요즘 조앤이 푹 빠져서 읽고 있는 책이었다.

"언니, 그럼 여기를 우리의 아지트로 하자!"

"아지트? 그래, 좋아. 오늘부터 이곳은 우리의 아지트야!"

조앤과 디는 해 질 무렵까지 공동묘지에서 시간을 보냈다.

☆

조앤의 노트에는 직접 지은 이야기가 차곡차곡 쌓여 갔다. 그리고 특이하고 재미있는 이름들도 많이 적혀 있었다.

"이름수집가!"

디가 노트에 무언가를 적고 있는 조앤에게 외쳤다. 조앤은 어리둥절한 표정으로 디를 바라보았다.

"이름수집가라니?"

"언니는 이상한 이름들을 좋아하고 또 외우기도 하잖아. 노트에도 적고. 그러니까 이제부터 언니의 별명은 이름수집가야!"

조앤은 고개를 끄덕이며 노트를 한 장씩 넘겨 보았다. 지금까지 써 온 이름들만 수십 장이었다. 조앤은 처음 그 이름들을 썼던 기분으로 돌아가 이름들을 하나씩 살펴보았다.

"언니가 제일 좋아하는 성은 뭐야?"

"제일 좋아하는 성? 음……, 포터!"

"포터라고? 옆집 비키 언니와 이안 오빠 성이잖아!"

"응, 맞아."

때마침 비키와 이안이 밖에서 부르는 소리가 들렸다. 디는 창문으로 고개를 쑥 내밀었다.

"언니, 오빠! 우리 언니가 언니랑 오빠 성이 너무 좋대."

"정말? 히히히."

이안 포터가 디를 올려다보며 웃었다. 그러고는 얼른 나오라고 손짓했다.

'나중에 어른이 되서 정말 재미있는 이야기를 쓰게 되면 주인

공 성을 꼭 '포터'라고 지어야지!'

조앤은 이렇게 결심했다. 그리고 이안 포터가 먼저 뛰어가는 모습을 보며 미소를 지었다.

"언니! 뭐가 그렇게 좋아서 웃고 있어? 혹시 이안 오빠가 너무 좋아서?"

디가 놀리듯 말했다.

"무슨 소리야! 그나저나 우리 오늘은 뭐하고 놀까?"

"오늘도 강가에서 놀까?"

비키 포터가 말했다.

"음……, 강가는 어제도 갔으니까 오늘은 마법사 놀이하자. 어때?"

"마법사 놀이?"

"응, 우리가 마법사가 되는 거지! 마법사라고 치고 이것저것 다 해 보는 거야. 디, 비키, 이안! 너희들 뭐가 되어 보고 싶니? 뭐 해 보고 싶은 거 없어?"

조앤의 말에 모두들 호기심으로 눈이 반짝거렸다.

"일단 마법사 옷을 입어야지!"

"맞아, 맞아!"

조앤과 디, 그리고 포터 남매는 조앤의 집으로 들어가 마법사 분장을 했다. 그러고는 읍내의 소박한 거리를 쏘다니며 떠들썩하게 놀았다.

"잘 가! 조앤, 디!"

"응, 안녕."

디는 마법사 놀이가 무척 마음에 들었는지 계속 옆에서 조잘거렸다. 조앤도 즐거운 기분이 쉽게 가라앉지 않았다. 하지만 집에 돌아오자마자 조앤은 기분이 우울해졌다. 내일 또 학교에 가야 하기 때문이었다. 성격이 활발한 조앤이었지만 새로 전학 간 학교는 즐거운 곳이 아니었다.

조앤을 고개를 흔들며 학교 생각을 떨치려 했다. 하지만 이내 냉정한 표정의 담임선생님이 떠올랐다. 그리고 가까워지기 힘든 반 친구들의 얼굴도 아른거렸다. 조앤은 예전 학교에서 사귀었던 친구들이 너무 보고 싶었다.

"예전에 살던 집으로 다시 가고 싶어. 디, 너도 그렇지?"

조앤은 이미 곯아떨어진 디를 바라보면서 중얼거렸다.

조앤의 걱정은 괜한 것이 아니었다. 조앤의 반 담임선생님은 모든 것을 자기 마음대로 판단하고 결정하는 독단적인 사람이었다. 게다가 성적 순서대로 학생들의 자리를 배치했다. 그래서 반 학생들은 공부를 못하는 학생들을 더욱 놀리거나 무시했다.

전학 온 첫날, 조앤은 4분단의 맨 끝자리에 앉았다. 담임선생님은 갓 전학 온 주근깨투성이의 조앤이 공부를 잘 할 거라고 생각하지 않았다. 그래서 자기 멋대로 조앤에게 그 자리에 앉으라고 했다.

성적 순서대로 자리 배치를 한다는 사실을 몰랐던 조앤은 담임 선생님이 시키는 대로 그 자리에 앉았다. 하지만 얼마 지나지 않아 자리 배치의 기준을 알게 된 조앤은 무척 기분이 상했다.

'담임선생님은 어떻게 그럴 수 있지? 전학 왔다고 날 무시하다니……'

하지만 조앤은 성급하게 행동하지 않았다. 조앤의 곁에는 항상 책과 비밀 노트 그리고 몇몇의 좋은 친구들이 있었다. 이것만으로도 조앤은 자신감을 되찾을 수 있었다.

'난 예전 학교에서 성적도 좋았고, 좋은 친구들도 많이 사귀었어. 이곳에서도 그럴 수 있을 거야. 그러기 위해서는 시간이 필요하겠지. 그런데 예전 학교에서처럼 즐거울 수 있을까?'

조앤은 마음을 다잡았지만 한편으로는 자신이 없었다. 그래도 조앤은 늘 그래 왔듯이 열심히 공부하고 책을 읽었다.

시간이 지나고 학교생활에 익숙해지자 조앤의 자리는 점점 앞쪽으로 이동하게 되었다. 4분단의 첫째 줄에서 3분단의 첫째 줄로 이동하더니 결국 1분단의 맨 앞자리에 앉게 되었다.

"조앤, 수업 끝나고 피자 먹으러 갈래?"

조앤의 새로운 짝이 된 메리가 말했다. 이 말을 들은 다른 아이들이 하나둘씩 조앤 근처로 몰려들었다.

"나도 가도 돼?"

"나도 같이 가자."

"조앤, 괜찮지?"

조앤은 활짝 웃으며 고개를 끄덕였다.

엄마가 아프다고?

"나도 엄마처럼,
힘든 일이 닥쳐도 좌절하지 않을 거야."

조앤은 점점 책 속에 빠져 지내는 시간이 많아졌다. 이제는 혼자서 책을 읽는 시간이 가장 소중할 정도였다.

학교에서도 조앤의 손에는 항상 책이 들려 있었다. 친구들과 도란도란 이야기를 나누거나 놀러 가는 경우를 빼면 조앤은 항상 책 속에 빠져 있었다. 집에 와서도 마찬가지였다.

그날 밤도 조앤은 늦게까지 전기스탠드를 끄지 않았다. 어느덧 시계는 밤 12시가 넘은 시간을 가리키고 있었다. 조앤은 목이 말라 아래층 부엌으로 내려갔다. 계단 중간쯤 내려가는데 아래층에서 엄마, 아빠의 말소리가 들렸다. 조앤은 살금살금 계단을 내려가 안방 문 앞에 섰다.

"여보, 어쩌면 좋죠? 아이들이 아직 어린데 내가 벌써……."
"너무 걱정 말아요. 치료를 받으면 괜찮아질 테니까."
"우리 조앤이랑 디에게는 뭐라고 말하죠?"
"아직 당신이 다발성경화증에 걸렸다는 것을 알릴 필요는 없을 것 같소. 아이들에게는 천천히 알립시다. 갑자기 말하면 아이들이 큰 충격을 받을 거요."
"왜 나에게 이런 병이……, 흑흑흑."
"우린 잘 헤쳐 나갈 수 있어요. 그러니 너무 슬퍼하지 말고 기운 내요, 여보."

조앤은 문 앞에서 꼼짝할 수 없었다. 어느새 조앤은 손톱을 잘근잘근 씹고 있었다.

'엄마가 병에 걸렸다고? 저렇게 멀쩡한 엄마가?'

조앤은 당장 문을 열고 들어가서 엄마, 아빠에게 물어보고 싶었다. 하지만 아빠의 말을 이미 들어서 발이 쉽게 떨어지지 않았다. 조앤은 목이 마른 것도 잊은 채 다시 계단을 올라 방으로 들어갔다.

조앤은 침대에 걸터앉아 곰곰이 생각했다.

'다발성경화증이 뭐지?'

벌떡 일어난 조앤은 책장으로 가 백과사전을 꺼내들었다. 이리저리 뒤적거리던 조앤은 '다발성경화증'에 관한 내용을 찾아 손가락으로 짚었다.

"시각, 감각, 팔다리의 움직임과 관련된 신경전달에 이상이 생긴다. 처음에는 팔다리나 손발을 쓸 때 떨리거나 힘이 없다. 걸음걸이가 불안정하며 어지럽고 물체가 두 개로 보이기도 하며 소변을 못 참는 등의 증상이 일시적으로 나타난다. 원인이 확실히 밝혀지지 않아서 확실한 치료법은 없고······."

조앤은 백과사전을 떨어뜨릴 뻔했다. 언젠가부터 엄마는 물병을 자주 놓쳤고, 멀쩡히 걸어가다가도 어지러운 듯이 비틀거렸다. 조앤은 그런 엄마를 보면서도 크게 걱정하지 않았다. 누구나 저지르는 실수 정도로 생각했기 때문이었다.

조앤의 작고 흰 손이 파르르 떨렸다. 조앤은 이 사실을 어떻게 받아들여야 할지 막막했다. 가득 고인 눈물이 볼을 타고 흘러내렸다.

'내가 안다는 것을 부모님은 모르시니까, 앞으로 모른 척하며 지내야지. 그런데 어쩌지. 확실한 치료법도 없는 불치병인데······, 우리 엄마는 어떻게 되는 거지?'

조앤의 책상 위에는 책이 펼쳐져 있었다. 아까까지만 해도 정신없이 재미있게 읽던 책이었다. 하지만 지금은 한 글자도 읽을 수 없었다. 잠도 오지 않았다. 조앤은 전기스탠드를 켜 놓은 채 책상에 엎드렸다. 울지 않으려고 이를 꽉 물었지만 옷소매가 눈물로 축축해졌다.

☆

"조앤, 눈이 왜 그러니?"

어젯밤 너무 많이 울어서 조앤의 눈은 퉁퉁 부어 있었다.

"아……, 어제 읽은 책이 너무 슬펐어요. 그래서 좀 울었더니 이렇게 부었네요."

조앤은 어색하게 웃으며 대답했다.

"얼마나 슬펐기에. 얼음 꺼내 줄 테니 눈에 좀 대고 있다가 학교에 가렴. 세상에, 눈이 너무 부었네."

"네, 엄마."

"오늘 엄마는 조금 늦게 갈 거야. 너희들 먼저 학교에 가렴."

엄마는 조앤과 디가 다니는 학교의 과학 실험실에서 일하는 중이었다. 그래서 세 모녀는 아침마다 학교에 함께 갔다. 하지만 오늘은 조앤과 디가 먼저 출발했다.

"언니, 우리 둘이 학교에 가는 거 정말 오랜만이다. 그치?"

"……."

"언니, 내 말 들었어?"

"……."

"언니! 무슨 생각을 그렇게 해?"

디는 걸음을 멈추고 조앤의 얼굴을 빤히 들여다보았다. 그때까지도 조앤은 넋이 나간 표정이었다.

"언니!"

디가 조앤의 어깨를 탁 쳤다. 그제서야 조앤은 디를 바라보았다. 조앤의 눈빛이 불안정하게 흔들리고 있었다.

"언니, 왜 그래?"

"응? 아무것도 아니야."

"아무것도 아니기는. 무서운 꿈이라도 꾼 거야?"

"아니야, 빨리 학교에 가자."

"뭔데? 얼른 말해 봐! 어디 아픈 거야?"

"아무것도 아니라니깐!"

조앤은 자기도 모르게 디에게 화를 내고 말았다.

"언니, 왜 그러는 거야. 난 그냥……, 언니가 걱정이 돼서……."

디의 눈가에 눈물이 맺혔다.

"디, 정말 미안해. 안 그러려고 했는데……."

"됐어. 언니 요즘 정말 이상해!"

디는 소리를 꽥 지르고는 뒤도 안 돌아보고 가 버렸다. 조앤은 슬픈 눈으로 디의 뒷모습을 바라보았다.

"나도 어떻게 해야 좋을지 모르겠어. 정말……."

조앤의 볼을 타고 눈물이 주르륵 흘러내렸다.

'왜 내게 이런 일이 생긴 걸까. 왜 내게……. 엄마는 앞으로 어떻게 되시는 거지? 학교 실험실에도 못 나오시겠지…….'

☆

조앤은 엄마의 병을 알게 된 뒤부터 엄마와 마주치는 것이 너무 괴로웠다. 계단을 내려오는 엄마를 보면 얼른 달려가서 붙잡아 줘야 할 것 같았고, 요리하는 엄마를 봐도 그냥 식탁 의자에 앉아 있으라고 말해야 될 것 같았다. 조앤이 보는 엄마는 항상 불안했다. 접시를 들고 있으면 금세 바닥에 떨어뜨릴 것 같았고, 식사할 때도 음식을 계속 흘릴 것 같았다.

아직까지는 엄마의 병이 심각한 건 아니었다. 하지만 조앤의 눈에는 엄마의 작은 행동도 다발성경화증 환자처럼 보였다.

"애들아, 맛있는 사과파이가 완성됐단다. 어서 와서 맛 좀 보렴!"

"와아! 내가 좋아하는 사과파이다!"

디는 두 팔을 치켜들고 식탁으로 달려갔다. 하지만 조앤은 시무룩한 표정을 지으며 부엌으로 향했다.

'엄마는 지금 병을 숨기려고 즐거운 척하는 거야.'

디는 식탁에 앉아서 접시를 들고는 어서 달라고 졸랐다. 엄마는 웃으며 디의 접시에 사과파이 한 조각을 올리려고 했다. 그때 엄마가 놓친 사과파이가 바닥에 떨어졌다.

"아이고, 엄마가 실수로 떨어뜨렸네. 디, 다른 것으로 주마."

엄마는 다른 사과파이를 집으려고 했다. 그런데 이번에는 들고 있던 집게가 요란한 소리를 내며 바닥으로 떨어졌다. 조앤은 그 순간을 참을 수가 없었다.

"제발 그만하세요!"

디는 집게를 떨어뜨린 엄마보다 소리치는 언니 때문에 깜짝 놀랐다. 엄마와 아빠도 할 말을 잃은 채 조앤을 바라보았다. 조앤은 그 어색한 침묵을 견디기 힘들어 집 밖으로 뛰쳐나왔다.

밖으로 나왔지만 딱히 갈 만한 곳이 없었다. 조앤은 고개를 푹 수그린 채 터덜터덜 걸었다. 걷다 보니 자신도 모르는 사이에 학교 앞까지 와 있었다.

조앤은 교문 안으로 들어섰다. 아직 집으로 돌아가지 않은 학생들이 드문드문 보였다. 조앤은 벤치에 앉아 눈을 감았다.

'어떻게 해야 할까? 집으로 가면 가족들을 어떻게 보지?'

수많은 생각이 꼬리에 꼬리를 물고 이어졌다. 멈추지 않는 생각 때문에 머리가 아팠다.

"조앤, 안녕? 집에 간 줄 알았는데……."

조앤은 깜짝 놀랐다. 눈앞에 한 남학생이 서 있었다. 그 남학생은 같은 반인 숀이었다. 한두 번 대화를 나누었지만 특별히 친한 사이는 아니었다. 조앤은 어색한 표정으로 인사했다.

"응, 안녕. 여긴 어쩐 일이야?"

"난 서클 활동 때문에 남아 있었어. 그런데 너 무슨 일 있는 거니? 표정이 안 좋아 보여."

"아, 아니야. 아무 일도 없어."

"고민이 있나 본데, 내가 방해하는 거라면 비켜 줄게. 그런데 너 혼자 있어도 되겠어?"

"응, 괜찮아."

숀이 등을 돌리자 조앤의 눈에서 참았던 눈물이 주르륵 흘러내렸다.

"아, 맞다. 조앤……."

몇 발자국 걸어가던 숀이 잊은 말이 있다는 듯 다시 뒤돌아섰다. 조앤은 얼른 눈물을 닦았지만 숀은 조앤이 울고 있다는 것을 알아차렸다.

"조앤, 괜찮아? 너 진짜 무슨 일 있구나?"

숀은 조앤의 옆에 앉았다. 그러고는 조앤의 어깨를 토닥토닥 두드려 주었다.

그동안 참았던 눈물이 계속 흘러내렸다. 조앤은 별로 친하지 않은 숀 앞에서 눈물을 보이는 게 창피했다. 하지만 계속 눈물을 흘리니 이상하게도 마음이 가벼워졌다. 옆에서 아무 말 없이 어깨를 토닥여 주는 숀에게 고마운 마음이 들었다.

"사실은……, 엄마가 다발성경화증이라는 병에 걸리셨어. 너무 놀라서 어떻게 해야 좋을지 모르겠어. 왜 나한테 이런 일이 생겼는지, 우리 엄마에게 이런 일이 생겼는지……."

조앤은 숀에게 모든 이야기를 털어 놓았다. 길게 이야기하고 나니 며칠 동안의 우울함이 가시는 기분이었다.

"조앤, 너희 엄마는 병원에서 치료를 꾸준히 받으시면 나으실 거야. 너는 평소대로 부모님 말씀을 잘 들으면서 틈틈이 집안일도 도와 드리면 좋지 않을까? 네가 힘을 내야 엄마에게도 힘을 드릴 수 있지. 기운 내."

숀의 말을 듣자 조앤은 힘이 났다.

"숀, 고마워."

"네가 갑자기 뛰쳐나와서 엄마도 동생도 놀랐을 거야. 어서 가서 사과드리고 동생도 달래 줘."

조앤은 퉁퉁 부은 눈으로 숀을 바라보았다. 숀은 따뜻한 미소를 지었다.

"응, 그럼 내일 보자."

그날 이후, 숀은 조앤의 든든한 친구가 되었다.

☆

다음 날이었다. 3교시가 끝나갈 무렵, 한 친구가 조앤의 이름을 부르며 급히 뛰어왔다.

"조앤! 조앤! 네 엄마가 지금 병원으로 실려……."

조앤은 친구의 말이 채 끝나기도 전에 실험실로 뛰어갔다. 실험실 근처에는 사람들이 모여서 웅성거리고 있었다. 이미 앰뷸런스가 와 있었고 구급대원들이 엄마를 들것으로 옮기고 있었다.

"엄마!"

조앤은 엄마를 향해 뛰어갔다. 엄마는 마침 정신이 들어 있었다.

"조앤, 너무 걱정 말아라."

"엄마, 정말 괜찮아?"

"디가 많이 놀랐을 거야. 잘 다독여 주고."

엄마는 침착한 표정으로 조앤에게 당부했다. 뒤늦게 달려온 디는 엄마를 보더니 엉엉 울었다.

"언니, 엄마 왜 그런 거야? 응?"

조앤과 디는 엄마와 함께 앰뷸런스에 올라탔다. 디는 병원으로 가는 내내 울음을 그치지 않았다.

"뭐라고? 엄마가 큰 병에 걸렸단 말이야? 난 전혀 몰랐는걸……."

"엄마와 아빠가 일부러 말씀을 안 하신 거야. 우리가 큰 충격을 받을까 봐……. 엄마 병은 천천히 진행된다고 하니까 이제부터 우리가 엄마를 많이 도와드려야 해."

디는 눈물이 고인 눈으로 고개를 끄덕였다. 조앤과 디는 병원 복도에 놓인 의자에 앉아 아빠를 기다렸다.

헐레벌떡 병원에 도착한 아빠는 놀라고 지친 표정이었다. 하지만 두 딸에게 차근차근 엄마의 병에 대해 말해 주었다. 조앤은 차분하게 아빠의 이야기를 들었다. 그러고는 계속 눈물을 뚝뚝 흘리는 디를 어른스럽게 달래 주었다.

며칠 후 엄마는 퇴원했다. 엄마는 두 딸을 보자마자 환하게 웃었다.

"얘들아, 오늘은 엄마랑 초코케이크 만들까?"

"네, 좋아요!"

엄마는 천천히 밀가루를 큰 그릇에 붓고, 젓개로 저어 반죽했다. 물론 바닥이나 식탁에 흘리는 밀가루가 많았다.

하지만 조앤은 기쁜 마음으로 케이크 만드는 일을 도왔다. 일의 속도는 느렸지만 엄마의 웃음소리와 농담이 예전과 똑같았기 때문이었다.

조앤의 마음속에는 엄마의 이런 긍정적인 모습이 차곡차곡 쌓였다. 조앤 자신도 모르는 사이에 매우 촘촘하고 단단히.

☆

"조앤, 넌 나중에 뭐가 되고 싶어?"

숀이 조앤에게 물었다. 조앤은 잠시 망설였다. 아주 어릴 때부터 간직해 온 꿈이 있었지만 누구에게도 솔직하게 말해 본 적이 없었다.

하지만 모든 고민을 나눌 수 있는 숀이었다. 조앤은 마음을 가다듬고 이야기를 시작했다.

"난 나중에 작가가 되고 싶어. 아주 어릴 때부터 책이나 이야기가 좋았거든. 동생에게 이야기를 지어서 들려주기도 했었어."

"우와! 정말? 너에게 너무 잘 어울리는 직업이야. 열심히 노력해 봐. 나도 옆에서 많이 도와줄게."

숀은 조앤의 꿈을 응원해 주었다. 조앤은 항상 힘을 주는 숀이 너무 고마웠다.

"너는 틀림없이 멋진 작가가 될 거야. 나중에 유명해지면 책에 사인해 주는 거 잊지 마."

"숀, 고마워."

조앤은 오늘 읽은 책 내용을 떠올리며 집으로 향했다. 집 근처에 도착했을 때, 엄마의 밝은 목소리가 들렸다.

"아유, 별것 아닌 걸요."

"별것 아니긴. 우리 동네에서 조앤 엄마 음식 솜씨가 최고야. 잘 먹을게요."

엄마는 이제 휠체어를 타야만 했다. 하지만 엄마의 쾌활한 성격은 변함이 없었다. 엄마는 옆집 할머니에게 따뜻한 음식을 건네주고는 힘껏 휠체어 바퀴를 굴렸다. 그런 엄마의 뒷모습을 바라본 조앤은 코끝이 찡해졌다.

그때 집 안에 들어서려던 옆집 할머니가 조앤을 바라보았다. 조앤은 꾸벅 인사했다.

"학교에서 오는 길이구나. 너희 엄마는 정말 대단한 사람이야.

아픈 몸이지만 좌절하지 않고 저렇게 밝게 사니 말이다. 엄마 많이 도와 드리려무나."

"네, 할머니."

조앤은 다시 한번 힘든 일이 있어도 엄마처럼 좌절하지 않겠다고 다짐했다. 집으로 들어서는 조앤의 발걸음이 가벼웠다.

그날 저녁 식사 때였다.

"조앤, 넌 대학에서 뭘 공부하고 싶니?"

아빠가 조앤에게 물었다. 아빠는 물론 가족 모두가 조앤이 책과 글쓰기를 좋아한다는 걸 알고 있었다. 하지만 조앤은 가족들에게 작가가 되고 싶다는 꿈을 이야기할 수가 없었다. 이 꿈은 조앤 혼자 오랫동안 간직해 왔었고 지금은 오로지 숀만 알고 있었.

조앤은 여러 번 가족들에게 말할까 망설였다. 하지만 혹시라도 코웃음을 칠까 봐 두려웠다. 더구나 조앤은 작가가 되려면 무엇을 어떻게 공부해야 하는지 잘 모르고 있었다.

"아직 잘 모르겠어요……. 무엇을 전공하면 좋을까요?"

"음……, 아빠 생각에는 영문학이나 불문학을 전공하면 좋을 것 같구나. 넌 책 읽는 것을 좋아하니까 말이다."

"영문학이나 불문학이요?"

"그래, 그 학과를 졸업하면 비서로 취직해서 안정적으로 일할 수도 있고……. 네 생각은 어떠니?"

"네, 아빠 말씀대로 할게요."

조앤은 아빠의 의견을 순순히 받아들였다. 그리고 오랫동안 간직한 꿈은 다시 마음 깊숙한 곳에 숨겨 놓았다.

사회에 도움이 되는 일을 하고 싶어

"인간을 인간답게 하는 것이 바로 상상력이야.
그렇다면 상상력을 좀 더
재미있는 형태로 드러낼 수는 없을까……."

바람이 살랑대는 봄날 오후였다. 어느덧 대학생이 된 조앤은 학교 벤치에서 책을 읽고 있었다. 그녀가 읽는 책은 『그리스 신화』였다. 어릴 적부터 이야기를 좋아했던 조앤은 이 책을 항상 옆에 끼고 다녔다. 특히나 상상력을 자극하는 그리스 신들은 책에서 눈을 뗄 수 없게 했다.

"조앤!"

조앤은 그리스 신들의 이야기에 푹 빠져 아무 소리도 들리지 않았다.

"조앤! 수업 안 들어가? 벌써 늦었어."

엑세터대학교 불문학과에 함께 다니는 한 친구가 조앤에게 소리쳤다. 조앤은 그제야 고개를 들어 친구를 바라보았다. 친구는 한 손으로 시계를 가리키며 헐레벌떡 뛰어갔다. 조앤은 자리에서 벌떡 일어났다.

'수업 시작이라고? 두 시간 전에 와서 책을 읽었는데 벌써 시간이 다 됐단 말이야?'

조앤은 친구의 뒤를 따라 서둘러 강의실로 향했다. 다른 수업이었다면 조금 더 책에 빠져 있었을 수도 있었다. 하지만 지금 수업은 조앤이 가장 좋아하는 '그리스 고전 강독' 시간이었다. 조앤은 활짝 열린 가방을 잠그지도 못한 채 급히 뛰어갔다.

"피터 잭슨?"

"네."

"엘리자베스 무어?"

"네."

"조앤 롤링?"

"……."

교수는 출석부에서 눈을 떼고 학생들을 둘러보았다. 그때 조앤이 숨을 몰아쉬며 강의실 안으로 들어섰다.

"조앤 롤링, 안 왔나?"

"여기 있습니다!"

조앤은 자리에 앉으며 손을 들었다. 그 모습을 본 교수가 빙그레 웃으며 말했다.

"자네가 조앤 롤링이군. 그렇지 않아도 조앤 롤링이 누구인지 궁금했네."

조앤은 교수의 말에 눈이 휘둥그레졌다.

"자네가 제출한 그리스 고전에 대한 해석이 매우 인상적이었네. 책을 몇 번이나 읽었나?"

조앤은 교수의 갑작스러운 칭찬과 질문에 당황했다. 하지만 계속 웃음을 머금고 있는 교수를 보니 마음이 놓였다.

"지금 다섯 번째 읽고 있습니다."

"흠, 그렇군. 전공자보다 그리스 신화에 대해 더 잘 이해하고 있었어. 앞으로도 기대하겠네. 열심히 공부해 보게나."

"예? 아……, 알겠습니다."

조앤은 수업시간이 어떻게 지나갔는지도 모를 만큼 기분이 들떴다. 단지 재미있어서 열심히 읽었을 뿐인데 이렇게 큰 칭찬을 받게 되리라고는 생각도 못 했다.

그날 이후 조앤은 시간이 나는 대로 그리스 신화를 반복해서 읽었다. 그리고 옛날부터 전해지는 민담 등을 엮은 책들도 찾아보았다. 이런 책들을 통해 조앤은 다양한 인물들과 이야기를 접할 수 있었다.

"조앤, 신화를 전공으로 공부해 보는 건 어때?"

수업을 마치고 나오며 한 친구가 조앤에게 물었다. 조앤은 잠시 걸음을 멈추고 생각에 잠겼다.

"난 그냥 읽는 게 좋아. 전공까지는 아직……."

"그런데 조앤, 다음 수업에 안 들어갈 거야?"

사실 조앤에게 그리스 고전 강독 수업을 제외한 다른 수업은 별로 흥미롭지 않았다. 그래서 다른 수업에 빠지는 경우가 많았다.

"응, 그 대머리 교수 수업은 별로 듣고 싶지 않아. 그 수업보다는 그리스 신화를 읽는 게 훨씬 유익한 것 같아."

"그래, 하지만 대학생이라면 이런 책도 한번 읽어볼 필요가 있지 않을까?"

친구가 조앤에게 책을 한 권 내밀었다. 그 책은 인권운동가 제시카 미트포드의 자서전이었다.

"제시카 미트포드 자서전이네?"

"네가 너무 신들의 이야기에만 빠져 있는 것 같아서 읽어 보라고 주는 책이야. 열아홉 살 때 스페인 내전에 참전했던 여성 인권운동가인데 이 책에도 금세 빠져 버릴 걸?"

조앤은 친구가 건네준 책을 넘기면서 뜻 모를 웃음을 지었다.

"왜? 흥미 없어?"

"아니, 나 이 책 읽어 봤어. 어렸을 때부터 제시카 미트포드를 존경해 왔는걸. 이 사람은 노동운동가이면서 반나치주의자잖아."

제시카 미트포드는 극단적인 성향의 인권운동가로 알려져 있지만, 사실 그녀의 가문은 히틀러와 밀접한 관계가 있었다. 제시카를 제외한 형제자매들은 히틀러의 영향을 받거나 히틀러와 아주 친했다. 특히 제시카의 첫째 언니는 결혼할 때 하객을 몇 명 초대하지 않았는데, 히틀러가 그 자리에 참석했을 정도였다. 하지만 제시카는 애인이었던 에스몬드와 함께 스페인 내전에 참가했다. 그리고 둘은 양 집안의 심한 반대에도 불구하고 결혼했다.

제시카는 재산이 많았던 미트포드가의 상속권을 포기하면서 가난에 시달렸다. 게다가 사랑하는 남편까지 잃었다. 하지만 제시카는 절망하지 않았다. 미국으로 건너간 그녀는 백인 폭력 단체로부터 아프리카계 미국인들을 보호하는 데 힘썼다. 많은 어려움에 부딪혔지만 제시카는 끝까지 인권운동을 포기하지 않았다. 조앤은 제시카의 자서전을 읽으면서 그녀의 열정적인 삶에 사로잡혔고 그때부터 그녀를 존경하게 되었다.

"역시 책벌레라 안 읽은 책이 없구나."

친구가 멋쩍은 웃음을 지었다.

"아니야. 우연히 읽게 된 책인걸. 이 자서전을 읽으면서 너무 쉽게 좌절하거나 절망하지 말아야겠다는 생각을 했어. 모든 사람에게 존경받을 만한 분이야."

"응, 맞아. 그런데 조앤, 취직은 어떻게 할 거야? 우리 이제 곧 졸업인데."

취직 이야기가 나오자, 조앤은 자기도 모르게 한숨이 나왔다.

"난……, 비서가 되려고 해."

"비서?"

"응, 아버지께서 내가 비서가 되길 바라시거든."

"음……, 나는 네가 작가가 되거나 공부를 더 할 줄 알았어."

"작가도 좋지만 돈을 벌어야지. 하지만 제시카 미트포드처럼 사회에 도움이 되는 일을 하고 싶어."

☆

조앤은 구직 센터의 게시판 앞에 섰다. 그러고는 수첩을 꺼내 들고 비서를 뽑는 곳이 있는지 살펴보았다. 다양한 게시물을 보면서도 조앤은 사회를 위해 의미 있는 일을 하고 싶었다. 하지만 사회에 도움을 줄 수 있는 비서직을 찾기란 쉬운 일이 아니었다. 막상 비서직만 구하는 회사도 많지 않았다.

"휴, 일자리 구하는 게 만만치 않네."

조앤은 어깨를 축 늘어뜨렸다. 하지만 조앤은 하루도 거르지 않고 구직 센터에 들렀다. 원하는 구인 광고가 없으면 힘이 빠지고 우울했지만 그때마다 조앤은 늘 긍정적인 엄마를 떠올렸다. 엄마를 생각하는 것만으로도 힘이 솟았다.

'아직 아무것도 시작하지 않았는데 미리 우울해 하지 말자. 곧 내가 원하는 일자리가 생길 거야.'

조앤은 주먹을 불끈 쥐었다.

"어?"

그때 조앤의 눈에 한 구인 광고가 들어왔다. 국제사면위원회*의 임시 비서직이었다.

조앤은 가슴이 두근거렸다. 비록 임시직이긴 했지만 이곳에서 일한다면 조금이나마 사회에 기여할 수 있을 것 같았다. 조앤은 그날부터 서류 작성과 면접 준비로 바빴다.

드디어 면접날이 다가왔다. 조앤은 떨리는 마음을 안고 면접

★ **국제사면위원회** : 국가 권력에 의해 처벌당하고 억압받는 세계 여러 나라의 정치범들을 구제하기 위하여 1961년에 설치된 국제기구입니다.

시험장으로 향했다. 순서를 기다리면서 조앤은 계속 한 가지 생각만 했다.

'사소해 보이는 임시 비서직이지만 내가 원하고 있었던 일이야. 나의 진심과 각오를 떨지 말고 잘 말하자.'

제시카 미트포드처럼 사회를 위해 일하고 싶었던 조앤은 결국 합격했다.

출근 첫날 아침, 조앤은 단정하게 옷을 차려입고 거울 앞에 섰다.

"조앤, 오늘은 네가 사회로 나가는 첫날이야. 더 좋은 세상을 만들기 위해 일하러 나가는 거라고. 그러니 사명감을 갖고 열심히 일하자."

조앤은 거울 속에 비친 얼굴을 보며 환하게 웃었다.

"조앤 롤링 양, 이것 좀 타이핑해 주세요."
"조앤 롤링 양, 이 우편물 좀 빨리 보내 줘요."
"조앤 롤링 양, 이 서류들을 항목별로 분류해 주세요."

여기저기에서 조앤의 이름을 불렀다. 그러면 조앤은 타이핑을 하다가 우편물을 보내기 위해 뛰어나갔다. 책상 위에 가득 쌓인 수백 장의 서류들은 분류해도 끝이 없었다. 일 자체는 단순했지만 출근한지 일주일밖에 안 된 조앤에게는 모든 것이 낯설었다. 각 부서의 위치를 찾기 위해 계속 헤맸고, 바쁘게 타이핑을 하다 보니 틀린 글자도 많이 나왔다. 산처럼 쌓인 서류를 보면 저절로 숨이 턱 막혔다.

"휴, 오늘 안에 이 서류를 다 분류할 수 있을까?"

조앤은 작은 목소리로 중얼거렸다. 그러면서 맨 위에 놓인 서류를 들춰 보았다.

"각국의 인권 문제에 관한 보고서?"

서류의 제목을 본 조앤은 깜짝 놀랐다. 그 보고서는 고문이 일상적으로 행해지고 있는 나라나 종교적으로 피해를 입고 있는 단체, 민족들에 대한 인권 탄압 상황을 담고 있었다. 조앤은 서류를 분류해야 하는 것을 잊은 채 보고서의 내용에 푹 빠져 버렸다.

"조앤 롤링 양, 지금 뭐 하는 거예요?"

조앤은 깜짝 놀라 고개를 들었다.

"지금까지 그걸 읽고만 있었던 겁니까?"

조앤의 앞에는 상사인 존 씨가 서 있었다.

"아, 그게……."

"이것 말고도 정리할 서류들이 아주 많아요. 일단 퇴근 시간이 다 되었으니 오늘은 여기까지 하고, 내일부터 이 서류와 저쪽 서

랍에 있는 것까지 전부 정리하세요."

"예, 알겠습니다……."

조앤은 읽던 서류를 덮고 자신의 책상으로 돌아가 퇴근 준비를 했다. 그때 다시 존 씨가 다가왔다.

"하루하루가 정신없지요?"

조앤은 존 씨의 얼굴을 마주 볼 수가 없었다. 방금 전에 잘못을 지적당해서 더욱 그랬다. 하지만 조앤은 차분히 마음을 가다듬고 대답했다.

"괜찮아요. 아까는……, 실수해서 죄송합니다."

존 씨는 미소를 지으며 고개를 끄덕였다.

"모든 것에 익숙하지 않아서 그래요. 이런 일은 시간이 조금만 지나면 금방 능숙해지거든요. 아직 정신없는 표정인데 집에 가서 푹 쉬어요."

"네, 내일 뵐게요."

조앤은 집에 가는 내내 보고서의 내용을 떠올렸다.

'이 세상에는 비참하게 사는 사람들이 너무 많아. 내가 그들을 위해 할 수 있는 건……, 지금 하고 있는 일에 최선을 다하는 것이 겠지. 내일부터 정신을 바짝 차리고 열심히 일하자.'

다음 날, 조앤은 좀 더 익숙한 자세로 일에 집중했다. 그 다음 날에는 전날보다 훨씬 능숙하게 일을 처리할 수 있었다. 그렇게 몇 달이 지나자 조앤은 실수 없이 모든 일을 해낼 수 있게 되었다.

일에 익숙해진 것은 좋았다. 하지만 시간이 지날수록 조앤은 점점 일에 대한 흥미를 잃어 갔다. 조앤은 잠시 일을 멈추고 한숨을 내쉬었다.

'매일 회의를 기록하고, 서류를 정리하고, 우편물을 보내면서 살아야 할까?'

그러나 조앤은 국제사회의 인권을 다루는 일을 하고 있었다. 조앤은 매일 인권 사건을 다룬 서류를 보면서 얼마나 참혹한 일들이 전 세계에서 일어나는지를 알 수 있었다. 이런 일을 할 수 있는 건 누구에게나 오는 기회가 아니었다.

무엇보다 조앤과 같이 일하는 직원들은 인권유린*을 당한 사람들을 위하여 열심히 일했다. 조앤은 회의 내용을 기록하다 말고 자신의 생각을 열정적으로 말하는 사람들을 하나하나 살펴보았다.

'다른 사람의 아픔을 상상하고 그 아픔에 공감하는 것은 사람만이 가진 큰 능력일 거야. 그 마음 때문에 이런 단체가 생기고, 저 사람들은 열심히 일하는 거겠지. 더 나은 세상을 꿈꾸는 인간

★ **인권유린** : 공권력이나 권력을 가진 사람이 인간의 기본적 인권을 침해하는 일을 말합니다.

의 상상력. 결국 상상력이 인간을 움직이게 만드는 거야…….'

조앤의 생각은 꼬리에 꼬리를 물고 이어졌다.

'상상력이라……. 그래, 인간을 인간답게 하는 것이 바로 상상력이야. 그렇다면 상상력을 좀 더 재미있는 형태로 드러낼 수는 없을까…….'

"상상력?"

누군가 조앤이 쓰고 있던 종이를 홱 낚아챘다. 조앤은 깜짝 놀라 고개를 들었다. 존 씨였다.

"아!"

조앤의 얼굴이 붉어졌다.

"지금 뭐 하는 겁니까?"

"저, 그게……."

"회의 내용은 중요해요. 그런데 자꾸 이렇게 딴생각하면 어떡합니까?"

"네……."

조앤은 회의 내용을 기록하다가 자기도 모르는 사이에 공상에 빠진 것이었다.

'내가 왜 이럴까. 일을 할 땐 일만 생각해야 하는데…….'

하지만 조앤의 공상하는 버릇은 잘 고쳐지지 않았다. 회사에

출근할 때는 읽는 책에 푹 빠져서 내려야 할 역을 놓치는 경우도 많았다. 그래서 지각하는 날도 잦아졌다.

"조앤 롤링 양, 오늘도 지각인가요?"

"이 서류들을 어제까지 정리해 놓으라고 했을 텐데요."

"이런! 회의 기록에서 중요한 내용이 빠졌군요."

공상과 책에 푹 빠진 조앤은 계속 실수를 저질렀다. 중요한 일에서 실수를 저지르는 일도 많아졌다.

그날도 조앤은 중요한 회의가 시작되자마자 또다시 딴생각에 빠져들었다.

'마법을 부릴 수 있는 능력이 있다면 얼마나 좋을까?'

조앤은 공상의 세계에 빠진 채 히죽히죽 웃었다.

바로 그때였다.

"조앤 롤링 양!"

존 씨가 조앤을 큰 소리로 불렀다. 조앤은 정신이 번쩍 들었다. 회의에 참석한 모든 사람들이 조앤을 바라보았다.

"하루 이틀도 아니고 이렇게 일할 거면 당장 그만두세요!"

"네?"

조앤은 자신도 모르게 자리에서 벌떡 일어섰다.

"이제 더는 봐줄 수가 없소. 오늘 당장 그만두세요."

조앤은 많은 사람들 앞에서 그만두라고 말한 존 씨가 원망스러웠다. 하지만 자신의 실수를 인정한 조앤은 묵묵히 모든 것을 받아들이기로 했다.

조앤은 자신의 자리로 돌아가 짐을 정리했다. 일을 하면서 틈틈이 정리한 파일도 챙겼다.

'내가 쓴 이야기를 컴퓨터로 정리한 것에 만족하자.'

이렇게 조앤의 첫 직장 생활은 2년 여 만에 끝이 났다.

해리 포터를 발견하다

"그 아이의 이마에는 번개 표시가 새겨져 있었어요.
'이 번개 표시는 제가 굉장한 잠재력을 가지고 있는
마법사라는 것을 알려 줘요'
그 아이가 내게 이렇게 말하는 것 같았어요."

새로운 직장은 맨체스터에 있었다. 맨체스터는 조앤이 사는 런던과는 꽤 먼 거리였기 때문에 통근 기차를 이용해야 했다. 그래도 조앤은 매일 여행한다는 기분으로 다니기로 마음을 먹었다.

출근하던 날, 조앤은 힘차게 기차에 올랐다. 출근하는 사람들이 많았다. 이 많은 사람들 속에 자신이 포함되어 있다는 것이 얼마나 기분 좋은 일인지 조앤은 새삼스럽게 깨달았다.

'이번에는 좀 더 오래 버텨 보자!'

조앤은 스스로에게 최면을 걸며 일을 시작했다.

약간 긴장을 하긴 했지만 첫날의 일은 무사히 끝났다. 조앤은 다시 런던으로 가기 위해 통근 기차에 몸을 실었다.

기차에서 책을 읽거나 공상에 잠겨 있다 보면 금세 역에 도착했다. 이렇게 조앤이 독서와 공상을 즐기며 출퇴근하는 것에 익숙해졌을 무렵이었다.

"어, 조앤 아니야?"

조앤은 여느 날과 같이 기차에 올라서 책을 펼쳤다. 그런데 누군가 조앤에게 아는 척을 했다. 조앤은 고개를 들고 그 사람을 쳐다보았다. 한 남자가 미소를 띤 채 조앤을 바라보고 있었다.

"누구……?"

조앤은 그가 누구인지 얼른 생각이 나지 않았다.

"모르겠어? 나 숀이야."

그 남자는 예전에 같은 반이었던 숀이었다. 단정하게 손질한 머리와 잔뜩 멋을 낸 옷, 세일즈맨처럼 가죽 가방을 든 숀은 예전의 모습과 너무 달랐다.

"아, 숀이구나! 정말 오랜만이다!"

"그러게 말이야. 근데 맨체스터 가는 길이야?"

"응, 직장이 그곳에 있거든……."

"그래? 난 맨체스터에 사는데. 런던에 볼일이 있어서 왔다가 다시 맨체스터로 가는 길이야."

둘은 어색하게 대화했다.

그날은 그렇게 헤어졌다. 하지만 두 사람은 다시 한번 기차에서 만났다. 지난 기억을 하나씩 떠올리며 둘은 조금씩 가까워졌다.

오랜만에 조앤은 기분이 좋았다. 상공회의소의 일자리도 구했고, 남자 친구를 만나 예쁜 사랑도 키워 나갔다. 맨체스터가 더 큰 행운을 가져다 줄 것만 같았다.

"조앤, 퇴근 후에 만나려니 시간이 너무 모자라."

숀이 기차에 오르려는 조앤에게 아쉬운 듯 말했다.

"응? 그게 무슨 소리야?"

조앤이 물었다.

"네가 맨체스터로 이사 오면 좋을 텐데. 그러면 이렇게 일찍 안 헤어져도 되잖아. 조앤, 이 근처로 이사 오면 안 될까?"

"이사?"

조앤도 숀과 헤어질 때마다 아쉬웠다. 하지만 생활이 그다지 여유롭지 않았던 조앤에게 이사는 쉬운 일이 아니었다. 숀은 아쉽다는 듯 조앤의 손을 잡고 놓지 않았다.

"알았어. 생각해 볼게……."

조앤은 미소를 지으며 대답했다. 그러고는 숀이 잡고 있던 손을 살짝 뺀 채 기차에 올라탔다.

그날 이후 조앤과 숀은 맨체스터의 집들을 보러 다녔다. 간혹 마음에 드는 곳이 있었지만 집세가 너무 비쌌다. 조앤은 계속 갈등했다. 집세가 싸고 정이 든 런던 집을 떠나는 것도 쉽지 않았고, 숀과 가까이 있고 싶은 바람도 컸다.

'어떻게 하면 좋을까?'

조앤은 침대에서 이리저리 뒹굴거리며 생각했다. 쉽게 답이 나오지 않는 고민을 계속 하다 보니 머리가 지끈거렸다.

"아! 내가 왜 그 생각을 못했지?"

조앤은 침대에서 벌떡 일어났다. 그러고는 숀에게 전화를 걸었다. 몇 번의 신호음이 울린 후 숀이 전화를 받았다.

"숀!"

"응, 조앤. 아직 안 잤어? 내일 일찍 일어나야 하잖아."

"이제 곧 잘 거야. 우리의 고민을 해결해 줄 좋은 생각이 떠올라서 전화했어."

"어, 진짜? 뭔데?"

"음……, 그게 말이지."

조앤은 막상 자신의 생각을 말하려고 하니 쑥스러웠다. 하지만 숀도 좋아할 것이라는 확신이 들었다.

"뭔데? 궁금하니까 얼른 얘기해 봐."

조앤은 꿀꺽 침을 삼켰다.

"음, 그게 뭐냐면……, 얘기하려니까 부끄럽긴 하지만 우리가 결혼을 하는 거야!"

조앤은 들뜬 목소리로 외쳤다. 수화기 너머로 숀도 환호하며 기뻐할 거라고 생각했다.

"……"

하지만 조앤의 기대와 달리 숀은 아무 말이 없었다.

"여보세요? 숀, 내 말 들었어?"

"응, 들었어."

"그런데 왜 아무 말도 안 해?"

"조앤, 우린 결혼을 하기에는 아직 어려. 그건 별로 좋은 생각이 아닌 것 같아."

숀의 말에 조앤은 수화기를 떨어뜨릴 뻔했다.

'우린 스물여섯 살이야. 그런데 뭐가 어리다는 거지?'

조앤은 이렇게 말하고 싶었지만 차마 꺼내지 못했다. 잠시 어색한 침묵이 흘렀다.

"조앤, 조앤?"

"응, 듣고 있어."

"내일 다시 집을 구하러 다니자. 잘 자."

"응……, 내일 봐."

조앤은 전화를 끊고 침대에 누웠다. 천장만 계속 쳐다보던 조앤은 눈을 감았지만 쉽게 잠들 수 없었다.

다음 날 저녁, 조앤은 숀을 만나지 않았다.

☆

조앤은 피곤한 얼굴로 집을 나섰다. 터덜터덜 걸어가는 조앤의 옆으로 다정한 연인이 지나갔다. 무심코 고개를 돌린 조앤은 두 사람의 함박웃음을 보았다.

'나도 저 연인처럼 행복하게 웃어 보았으면……'

이제는 숀과 만나도 어색하고 불편했다. 조앤은 진심으로 숀과의 행복한 미래를 계획하고 싶었다. 하지만 숀은 둘의 미래에 대해서 한마디도 꺼내지 않았다.

그러다 보니 조앤은 일에 집중할 수가 없었다. 갖가지 상상들이 머릿속에서 떠나지 않았다. 그럴 때면 조앤은 언제 어디서든 펜을 들었다. 출근 준비를 하다가도, 회사에서 일을 하다가도, 통근 기차 안에서도 조앤은 무언가가 떠오르면 바로 노트에 적었다.

"조앤 롤링 양, 이게 뭐죠?"

조앤의 상사인 오웬 씨가 종이를 툭툭 치며 물었다.

"아, 아무것도 아닙니다."

"아무것도 아닐 리가 없지요. 조앤 롤링 양, 요즘 주시하고 있어요. 주위에서 말이 많더군요. 정신을 차리지 않으면 언제 책상 정리가 될지 모르니 주의하세요!"

오웬 씨는 조앤이 채 대답하기도 전에 문을 쾅 닫고 나갔다.

"휴우."

조앤 스스로도 이 버릇을 어떻게 고쳐야 할지 알 수 없었다. 게다가 상공회의소의 일은 예전에 일했던 국제사면위원회보다 더 조앤을 지치게 했다. 이곳에서의 일은 커피를 타거나 타이핑을 하는 것이 전부였다. 더구나 사회에 도움이 되는 일을 하고 있다는 자부심도 들지 않았다. 조앤은 하루하루 기계처럼 자신이 닳아 없어지고 있다는 생각이 들었다. 꼬박꼬박 나오는 월급이 경제적인 어려움을 덜어주었을 뿐이었다.

퇴근 후 조앤은 지친 몸을 이끌고 기차에 올랐다. 그나마 마음이 편안한 시간은 기차 안에서였다. 어떤 장애물도 없이 자유롭게 상상할 수 있기 때문이었다.

"앞 기차의 고장으로 기차가 연착됨을 알려 드립니다."

기차에 타고 있던 사람들이 웅성거렸다. 하지만 조앤의 표정에는 어떤 변화도 없었다. 우울한 그림자만 조앤의 얼굴을 뒤덮고 있었다.

조앤은 창밖으로 눈을 돌렸다. 드넓게 펼쳐진 들판에서 젖소들이 한가롭게 풀을 뜯고 있었다.

그때였다. 조앤의 눈앞에 뭔가 빠르게 스쳐 지나갔다. 조앤은 눈을 크게 떴다. 아주 오래전부터 알던 어떤 남자아이가 보이는 것 같았다. 그 아이는 창밖으로 보이는 플랫폼을 걸어가고 있었다. 그 아이는 우연한 기회로 마법학교에 가기 위해 이 역으로 온 것이었다. 역에 서 있는 많은 기둥 중 하나는 마법학교로 가는 입구였고, 그 아이는 그 입구로 걸어가고 있었다.

조앤은 창밖을 뚫어져라 바라보았다. 창밖의 풍경은 아무것도 달라지지 않았다. 하지만 조앤의 눈에는 아직 그 남자아이가 보였다. 조앤은 그 아이를 놓치지 않기 위해 더욱 집중했다.

그러자 아이의 얼굴이 뚜렷하게 보였다. 그 아이의 이마에는 번개 표시가 새겨져 있었다. 이 번개 표시는 제가 굉장한 잠재력을 가지고 있는 마법사라는 것을 알려 줘요. 그 아이가 조앤에게 이렇게 말하는 것 같았다.

조앤은 들뜬 마음으로 그 아이의 모든 움직임을 보고 느꼈다. '세기의 영감' 이라고 불리는 『해리 포터와 마법사의 돌』의 뼈대가 탄생하는 순간이었다.

조앤은 갑자기 떠오른 마법사 아이의 이야기에 푹 빠졌다. 계속해서 떠오르는 영감을 잃지 않기 위해 조앤은 자리에서 꼼짝도 하지 않았다. 기차는 4시간이 넘게 연착되었지만 조앤에게는 지루한 시간이 아니었다. 창밖을 보면 마법사 아이가 계속 움직이고 있었다. 그 아이는 언제까지라도 멈추지 않고 조앤의 눈앞에서 뛰어다닐 것만 같았다. 우울했던 조앤에게는 그 무엇과도 바꿀 수 없는 황홀한 순간이었다.

마침내 기차가 역에 도착했다. 기차의 문이 열리자마자 조앤은 정신없이 뛰어갔다. 아직도 눈앞에서 생생하게 움직이는 마법사 아이의 모습을 글로 쓰기 위해서였다.

☆

조앤은 책상에 앉자마자 마법사 아이에게 어울릴 만한 이름을 생각했다. 우선 성은 어릴 때부터 좋아했던 '포터'로 결정했다. 한참을 고민한 조앤은 이 아이에게 '해리 포터'라는 이름을 붙여 주었다.

이제 조앤은 우울할 틈이 없었다. 회사에서나 집에서나 통근 기차 안에서나 조앤은 해리 포터가 들려주는 이야기에 귀를 기울였다. 그리고 그 이야기를 거침없이 글로 써 내려갔다.

그날도 조앤은 회사에서 정신없이 일하는 중이었다. 눈이 **뻑뻑**해져 잠시 창밖으로 시선을 돌린 조앤은 자신을 부르는 해리 포터의 목소리를 들었다. 조앤은 일하던 손을 멈추고 홀린 듯이 해리 포터의 이야기를 들었다. 어느새 조앤은 빈 종이에 이야기를 적고 있었다.

"조앤 롤링 양?"

조앤의 귀에는 오웬 씨의 목소리가 들리지 않았다. 해리 포터의 목소리만 들릴 뿐이었다.

"조앤 롤링 양!"

"네?"

조앤은 오웬 씨가 두어 번을 더 부른 뒤에야 정신을 차렸다.

"지금 뭐하고 있는 거예요?"

"아무것도 아닙니다."

"지금 쓰고 있는 거 이리 가져와 보세요."

"아, 아니에요. 아무것도 아닙니다."

"도대체 근무시간에 내 말도 못 들을 만큼 집중하고 있었던 게

뭔지 봐야겠소. 어서 가져와 보세요!"

오웬 씨는 호통을 치듯이 말했다. 조앤은 어쩔 수 없이 종이를 오웬 씨에게 건넸다. 오웬 씨는 안경을 치켜올리고 글을 읽기 시작했다. 그의 얼굴이 점점 붉으락푸르락해졌다.

"마법학교? 이게 뭡니까? 근무시간에 소설 나부랭이를 쓰고 있었단 말이오?"

"……."

"내가 한두 번 경고한 게 아니었을 텐데……. 이제 더는 당신을 봐줄 수가 없군요. 우리 회사는 당신 같은 사람을 원하지 않소. 그만 나가 주시오."

"죄송합니다만 저에게도 정리할 시간을……."

"왜 우리가 그런 아량을 베풀어야 하죠? 지금 당장 책상 정리하세요!"

조앤은 입을 꾹 다물었다. 그러고는 조용히 바닥에 떨어진 종이를 집어 들었다.

조앤이 두 번째 직장에서 해고된 지 얼마 지나지 않은 날이었다. 조앤은 평소와 다름없이 해리 포터 이야기를 쓰고 있었다. 그때 전화벨이 울렸다.

글을 쓰는 데 집중하고 있었던 조앤은 그 소리에 깜짝 놀랐다. 쥐고 있던 펜이 바닥으로 굴러떨어졌다. 조앤이 펜을 줍는 동안에도 전화벨은 시끄럽게 울렸다. 조앤은 왠지 모르게 불길한 예감이 들었다.

"여보세요?"

"조앤이냐? 아빠다. 너희 엄마가……, 위독하다. 어서 병원으로 오너라."

조앤은 그 자리에 털썩 주저앉았다. 심장이 쿵쾅거리는 소리만 방 안에 가득한 것 같았다.

"엄마, 제발……."

조앤은 어떻게 병원까지 왔는지 기억나지 않았다. 병원 복도에 들어서니 동생 디가 보였다. 아빠는 침통한 얼굴로 조앤을 맞이했다.

"아빠, 엄마는요? 엄마는 어디 있어요?"

아빠는 아무 말이 없었다. 눈이 퉁퉁 부은 디가 조앤에게 안겨 울음을 터뜨렸다. 엄마는 이미 흰 천으로 덮여 있었다.

엄마의 병은 시간이 갈수록 나빠지기만 할 뿐 고칠 수 없는 병이었다. 그래서 가족 모두가 어느 정도는 엄마의 죽음을 대비하고 있었다. 하지만 이렇게 갑작스러울 줄은 몰랐다. 엄마의 나이는 이제 겨우 마흔다섯 살이었다. 조앤은 흰 천 아래에 누워 있는 엄마 곁에서 오래도록 눈물을 흘렸다.

엄마는 생전에 봉사 일을 꾸준히 해서 많은 조문객이 장례식장을 찾았다.

"그리도 밝게 웃던 사람이었는데……."

"롤링 부인은 꼭 천국에 갈 거야."

"건강한 나보다 더 활기차고 유쾌한 사람이었지."

조앤은 엄마를 그리워하는 사람들의 말을 들으며 계속 눈물을 흘렸다. 지금 바로 눈앞에서 엄마가 환하게 웃으며 농담을 건넬 것만 같았다. 조앤에게는 이 모든 현실이 거짓 같았다.

엄마의 장례식이 끝난 뒤, 조앤과 가족들은 집으로 돌아왔다. 엄마가 없는 집은 아주 커다란 구멍이 난 것처럼 쓸쓸하고 허전했다. 조앤은 집 안 곳곳을 둘러보았다. 책장 한 귀퉁이, 2층으로 오르는 계단 한 칸, 선반 하나하나에까지 엄마의 흔적이 고스란히 배어 있었다. 조앤은 괴로운 마음에 더 이상 집에 머무를 수가 없었다. 그래서 1990년 가을, 조앤은 서둘러 런던으로 향했다.

☆

런던으로 돌아온 조앤은 하염없이 집 근처의 공원을 거닐었다. 걷고 또 걸어도 하루는 길었다. 엄마 얼굴이 떠오르면 그대로 주저앉고 싶을 정도로 다리의 힘이 풀리기도 했다. 벤치에 앉아서 공상에 빠져도 해리 포터가 말을 걸지 않았다.

빗방울이 금세 떨어질 것처럼 하늘이 흐려졌다. 조앤은 흐린 하늘을 올려다보았다. 가끔 보는 하늘이었지만 조앤은 그 흐린 하늘이 자신의 미래인 것처럼 느껴져서 우울해졌다.

'이제 내게 남은 게 뭐지? 앞으로 어떻게 살아야 할까?'

조앤의 시선은 한참 동안 허공을 맴돌았다. 항상 긍정적이었던 엄마의 얼굴을 떠올리려 했지만 그때마다 눈물이 먼저 나왔다.

"그렇다고 해서 이렇게 지낼 수는 없어!"

조앤이 회사를 그만둔 지도 여러 날이 지났다. 생활을 유지하기 위해서라도 다시 일을 구해야 했다. 조앤은 초췌해진 얼굴로 다시 구직 센터를 찾았다. 발걸음은 예전보다 더 무거웠다.

조앤은 가방에서 수첩을 꺼내들고 게시판을 살펴보았다. 한 구인 광고가 제일 먼저 눈에 띄었다.

"포르투갈 ○○센터에서 영어 교사를 구합니다."

그 광고를 보는 순간 조앤은 잊고 있었던 기억 하나를 떠올렸다. 어린 조앤은 친구들과 어떤 사람이 되었다고 상상하며 놀았다. 조앤은 선생님이 되어 친구들에게 '가르치는 놀이'를 했다. 친구들은 눈을 반짝거리며 조앤의 말을 열심히 들었었다. 그런 모습을 보면서 신난 조앤은 선생님이 되었으면 하는 꿈을 품기도 했다. 게다가 잠깐 했었던 보육 교사 생활도 조앤에게는 흥미로운 경험이었다.

조앤은 오랜만에 환하게 웃었다.

"그래, 선생님이 되는 거야! 낯선 나라 포르투갈에서 새롭게 시작하는 거야!"

먹구름 가득한 날들

"저에게 가장 위안이 되고, 잘할 수 있고,
즐거운 일은 바로 글쓰기였어요."

"하늘이 정말 푸르구나!"

조앤은 포르투갈의 짙푸른 하늘을 보며 감탄했다. 영국의 하늘은 언제나 검은 구름이 낮게 깔려 있어서 우중충했다. 그래서인지 조앤은 자신에게 닥친 불행한 일들이 흐린 영국의 하늘 때문이라고 억지 생각을 하기도 했었다.

하지만 포르투갈의 하늘에는 하얀 뭉게구름이 떠 있었다. 조앤은 왠지 모르게 희망의 기운이 온몸 구석구석으로 퍼지는 것 같았다.

아침부터 늦은 오후까지는 오로지 조앤 혼자만의 시간이었다.

영어를 가르치는 일은 늦은 오후부터 밤까지였다.

"이제 마음놓고 글을 써 볼까?"

조앤은 간만에 노트를 펼쳤다. 그동안 쓰기를 멈췄던 해리 포터 이야기를 이어서 쓰기 위해서였다. 조앤은 예전에 썼던 마지막 문장을 보자 코끝이 시큰해졌다. 지금처럼 다시 펜을 잡기까지 정말 많은 일이 있었다. 그 일들이 하나씩 떠오르자 조앤은 자신도 모르게 눈물이 흘렀다.

'포르투갈에서의 생활은 내게 새로운 기회일 거야. 글도 열심히 쓰고 수업도 열심히 해야지!'

조앤은 눈물을 닦고 마음을 가다듬었다.

"마법학교 이야기를 쓸 차례구나. 음……, 이 학교 교장을 어떤 인물로 하면 좋을까?"

마법학교 교장의 이름은 예전부터 수집한 이름들을 조합해서 '알버스 퍼시발 울프릭 브라이언 덤블도어'로 결정했다. 조앤은 이 이름을 바라보며 인물에 대해 상상하기 시작했다. 그러자 덤블도어 교장이 눈앞에 서 있는 것처럼 구체적인 이미지가 떠올랐다.

"그래, 덤블도어 교장은 키가 크고 마른 사람인 것이 좋겠어. 은색 머리카락과 수염은 아주 길고 눈동자 색깔은 푸른색이야. 매부리코에 손가락도 아주 길지. 마법을 부릴 때마다 긴 손가락은

춤을 추는 듯하고……. 음, 반달 안경을 끼고 다니며 왼쪽 무릎에 런던 지하철 노선도와 비슷한 모양의 상처를 가지고 있는 것으로 해야지. 이 교장은 이야기할 때마다 나오는 버릇이 있어. 바로 두 손을 모으는 것!"

조앤은 덤블도어 교장의 모습이 떠오르는 대로 써 내려갔다. 펜은 쉬지 않고 계속 움직였다. 문장이 하나씩 늘어나고 종이가 한 장씩 쌓일 때마다 생생한 인물들이 태어났다.

조앤은 몇 시간 동안 계속 글에 집중했다. 너무 집중한 나머지 자신의 손가락 끝에서 글자들이 살아 움직이는 듯한 착각이 들 정도였다.

☆

"자, 오늘 수업은 여기까지입니다."

조앤은 분필을 놓으며 말했다. 조앤이 영어를 가르치는 학생들의 나이는 다양했다. 조앤보다 나이가 많은 할머니나 아저씨도 있었고 조앤 또래의 사람들도 있었다. 하지만 나이에 상관없이 이들은 모두 배움에 대한 열정으로 수업에 참석했다. 학생들의 눈빛 속에 깃든 어떤 간절함이 항상 조앤을 긴장시켰다.

'이 사람들의 눈빛에는 꿈이 담겨 있어.'

조앤은 이들의 꿈을 지켜 주기 위해 더욱 정성껏 수업을 준비했다. 학생들도 조금씩이나마 영어 실력을 발휘해 조앤에게 기쁨을 안겨 주었다.

포르투갈에서의 생활도 몇 개월이 흘렀다. 조앤은 새롭게 마음을 다잡고 모든 일을 즐기려고 했지만 어쩔 수 없이 외로웠다. 그럴 때마다 조앤은 해리 포터 이야기에 매달렸다. 이야기를 쓰는 것만이 유일하게 외로움을 달랠 수 있는 방법이었다.

고향과 모국어가 그리울 때에는 글을 쓰면서 소리 내어 읽기도 했다. 하지만 영국은 멀리 떨어져 있었고 쓸쓸한 마음은 채워지지 않았다.

"조앤, 오늘 바빠요? 수업 끝나고 술이나 한잔해요."

함께 일하는 선생 한 명이 조앤에게 말했다. 조앤은 그들과 함께 술집에 가는 것이 그다지 내키지 않았다. 몇 개월이 지났지만 조앤과 동료 선생들 사이의 언어 장벽은 여전히 허물어지지 않았다. 하지만 항상 거절하는 것도 미안한 일이었다.

"좋아요. 어디로 가나요?"

"근처에 재즈 바가 있어요."

오랜만에 가 보는 술집이었다. 조앤은 재즈 음악을 들으며 천천히 맥주를 마셨다. 동료 선생들과 나눌 말이 많지 않았던 터라 조앤은 주변을 둘러보았다. 곳곳에 무리 지어 앉아 있는 사람들은 각자의 고민을 얘기하는 듯 심각한 표정들이었다. 모두들 포르투갈어로 빠르게 이야기했다. 조앤은 전혀 알아들을 수 없었다. 그래서 술만 마시며 조용히 앉아 있었다.

그때 한 남자가 조앤에게 말을 걸었다.

"원래 그렇게 말이 없으신가요?"

"아니요, 포르투갈어가 서툴러서요."

조앤의 말에 남자의 눈이 휘둥그레졌다.

"아, 당신은 포르투갈 사람이 아니군요. 어디서 오셨나요?"

조앤은 남자가 아주 능숙하게 영어로 말하는 것을 듣고 깜짝 놀랐다. 그와 동시에 너무나 반가웠다.

"전 영국에서 왔어요. 포르투갈에 온 지는 몇 달 되지 않았고요."

"아, 그렇군요! 만나서 반가워요. 내 이름은 호르헤 아란테스예요."

"저도 반가워요. 제 이름은 조앤 롤링이에요. 영어를 잘하시네요?"

조앤은 신이 나서 호르헤와 많은 이야기를 나누었다. 조앤과 호르헤는 공통의 화제가 많았다. 대화를 나눌수록 조앤은 호르헤의 지적인 모습이 무척 매력적이라고 생각했다.

"혹시 제인 오스틴이 쓴 '이성과 감성' 읽어 보셨나요?"

조앤은 깜짝 놀랐다. 『이성과 감성』은 조앤이 가장 좋아하는 책

중에 하나였다. 조앤은 살짝 미소를 지으며 대답했다.

"물론이에요."

"전 제인 오스틴이 언니인 엘리너는 이성을, 동생인 메리앤은 감성을 대변하는 인물로 설정해서 이 두 속성이 인간관계에 어떤 영향을 미치는지 정말 잘 표현했다고 생각해요. 그래서 참 좋아하는 책이지요. 물론 이야기 자체도 매우 흥미롭고 말이에요."

조앤은 보통 남자들은 그다지 좋아하지 않는 제인 오스틴에 대한 호르헤의 의견이 새롭게 다가왔다. 그래서 잠자코 그의 말에 귀를 기울였다.

두 사람은 시간이 가는 줄도 모르고 대화에 빠져들었다. 동료 교사가 집에 가자고 얘기해도 못 알아들을 정도였다.

다음 날 아침이 되었다. 조앤은 어젯밤에 호르헤를 만난 사실이 꿈만 같았다. 단 몇 시간 동안 대화를 나누었을 뿐이었지만 조앤의 머릿속은 온통 그에 대한 생각으로 가득 차 있었다.

수업을 하는 도중에도 호르헤 생각이 멈추지 않았다.

'내가 왜 이럴까?'

조앤은 고개를 흔들며 생각을 떨치려 했다. 하지만 어디에서 무엇을 해도 호르헤의 얼굴이 잊혀지지 않았다.

'내가 이럴 때가 아니지. 이야기를 쓰다 보면 그에 대한 생각도 잊을 수 있을 거야.'

조앤은 다시 노트를 펴고 글쓰기에 집중했다. 해리 포터만이 호르헤로부터 자신을 구해 줄 수 있을 것 같았다.

☆

며칠 후, 수업을 마친 조앤은 강의실에서 나왔다. 그때 동료 교사가 조앤에게 다가왔다.

"조앤, 예전에 재즈 바에서 만났던 호르헤 씨가 찾아왔어요. 얼른 나가봐요."

조앤은 숨이 멎는 것 같았다. 서둘러 옷매무새를 가다듬고 문 밖으로 달려 나갔다. 호르헤가 조앤을 보며 환하게 웃었다.

"조앤, 며칠 동안 계속 당신 생각만 났어요. 너무 보고 싶어서 여기까지 불쑥 찾아오고 말았네요."

호르헤는 조앤에게 쑥스러운 표정으로 고백했다. 조앤은 그런 그의 모습에 다시 한번 반해 버렸다.

그날 이후 둘은 함께 하는 시간이 많아졌다. 조앤은 오랜만에 행복감을 느끼며 하루하루를 보냈다. 그렇게 꿈같은 시간이 계속 흘렀다. 호르헤와 조앤 사이에는 서로에 대한 믿음이 자리잡기 시작했다.

"조앤, 당신은 내게 없어서는 안 될 사람이에요. 나와 결혼해 주지 않겠어요?"

호르헤는 진심을 담아 조앤에게 청혼했다. 만난 지 얼마 되지 않아 받은 청혼이었지만 조앤은 너무 행복했다.

"네, 좋아요."

두 사람은 1992년 10월 16일, 많은 사람들의 축복을 받으며 결혼식을 올렸다.

부부가 된 호르헤와 조앤은 행복한 날을 보냈다. 결혼한 지 얼마 지나지 않아서 조앤은 아기를 가졌다.

"우리에게도 예쁜 아기가 생기는구나. 이게 꿈이야, 생시야!"

호르헤가 조앤에게 꽃다발을 안기며 흥분된 목소리로 외쳤다. 조앤의 얼굴이 장미꽃처럼 붉어졌다.

하지만 둘의 행복은 아주 잠시였다.

점점 몸이 무거워지는 조앤에게는 모든 일이 힘겨웠다. 결혼을 하면 좀 더 안정되게 글을 쓸 수 있을 거라고 생각했지만 그것은 큰 착각이었다. 조앤은 항상 집안일을 하느라 정신이 없었다.

처음에는 두 팔을 걷어붙이고 집안일을 돕던 호르헤는 점점 모든 일에 무관심해졌다. 출장을 가면 집에 들어오지 않는 날이 대부분이었다. 일자리를 잃은 뒤에는 조앤에게 욕설을 하기도 했다.

조앤의 배는 점점 커졌다. 하지만 남편은 직장을 구할 생각을 하지 않았다. 심지어 집에 있으면서도 손 하나 까딱하지 않았다. 그래서 조앤은 무거운 몸을 이끌고 집안일에 매달려야 했다.

'어떻게 사람이 저렇게 변할 수가 있지? 우리 아기가 태어나도 저럴까?'

조앤은 점점 지쳐 갔다. 예전처럼 행복에 가득찬 눈빛으로 남편을 바라보며 대화를 나눈 것이 언제였는지 기억도 나지 않았다. 조앤은 부른 배를 쓰다듬으며 슬픈 목소리로 말했다.

"아가야, 그래도 아빠는 너를 사랑한단다."

1993년 7월, 조앤은 오랜 진통 끝에 건강한 여자아이를 출산했다. 아이의 이름은 '제시카'라고 지었다. 조앤은 자그마한 제시카를 품에 안고 오래도록 눈물을 흘렸다.

제시카가 태어났지만 남편의 태도는 전혀 바뀌지 않았다. 호르헤는 술에 취해 있는 날이 많았고 여전히 조앤에게 폭언을 내뱉었다. 그럴 때마다 조앤은 제시카를 안고 무작정 집을 나왔다. 그대로 어디론가 떠나고 싶었지만 당장 그럴 수는 없었다. 조앤은 영문도 모른 채 계속 우는 제시카를 달래며 집으로 들어오곤 했다.

그러던 어느 날이었다. 조앤은 밤늦게 일이 끝나 지친 몸으로 집에 돌아왔다. 그런데 현관에 들어서자마자 제시카의 울음소리가 들렸다.

'무슨 일이지?'

조앤은 서둘러 문을 열고 집 안으로 들어갔다. 집 안의 상황을 파악한 조앤은 그 자리에 멈춰서고 말았다.

제시카가 자지러지게 울고 있는데도 호르헤는 맥주 캔을 든 채 시시덕거리며 텔레비전을 보고 있었다. 조앤은 너무 화가 났다.

"지금 제시카가 우는 소리 안 들려요?"

"하루 종일 저렇게 울었다고. 언제까지 애만 보고 있을 수는 없잖아."

호르헤는 텔레비전에서 시선을 떼지 않은 채 투덜거렸다. 조앤은 말문이 막혔다.

"제시카는 당신 딸이야! 아이가 울고 있으면 걱정이라도 해야 하는 게 부모의 도리잖아!"

"난 그런 거 몰라. 집에 왔으니까 이제 네가 제시카를 돌보면 될 거 아냐. 그런데 누구한테 이렇게 소리를 막 질러? 너 지금 내가 직장에 안 다닌다고 무시하는 거야?"

조앤은 눈물범벅이 된 제시카를 안고 집을 나왔다.

'더는 이렇게 살 수 없어. 이렇게는······.'

조앤은 계단에 걸터앉아 하염없이 눈물을 흘렸다. 그렇게 계속 울고 나니 마음이 한결 가벼워졌다. 조앤은 찬찬히 생각에 잠겼다.

'그래, 제시카가 더 크기 전에 집을 떠나자. 영국으로 다시 돌아가는 거야.'

다음 날 조앤은 영국행 비행기에 올랐다. 제시카가 태어난 지 넉 달 만의 일이었다.

☆

영국으로 오자마자 가장 먼저 조앤과 제시카를 맞이한 사람은 동생 디였다. 디는 얼마 동안의 생활비와 머물 곳을 마련해 주었다. 조앤은 고마우면서도 자신의 처지가 너무 한심하고 창피했다. 시간이 지날수록 괜한 열등감도 들었다. 조앤은 점점 말수가 적어졌다.

"언니, 이대로는 안 되겠어. 병원에 가서 상담이라도 받아 보자."

조앤의 우울증을 눈치챈 디가 말했다.

"아니야. 괜찮아."

조앤은 우울한 기운을 떨쳐 낼 힘조차 없었다.

다음 날 아침이 밝았다.

"또 눈을 떴구나. 그냥 죽어 버렸으면 좋았을 걸……."

조앤은 잠에서 깨자마자 자신도 모르게 이런 말을 내뱉었다. '제시카를 두고 이런 생각을 하다니……. 더 이상은 안 되겠어.'

조앤은 곧 정신을 차리기로 했다. 그래서 디에게 말하지 않고 혼자 병원에 찾아갔다.

"증상을 말해 보세요."

의사가 딱딱한 말투로 말했다. 조앤은 힘없이 자신의 증상에 대해 이야기했다.

"밤에 잠들기가 힘들고요. 아침에 눈뜨는 것이 너무 싫고 두려워요……."

"그러면 수면제를 몇 알 처방해 드리겠습니다."

의사는 건성으로 쓴 처방전을 내밀었다. 조앤은 처방전을 받았지만 약을 살 돈이 부족했다. 그래서 그냥 터덜터덜 집으로 돌아왔다.

며칠 후 조앤은 제시카를 안고 창밖을 하염없이 바라보고 있었다. 그때 전화벨이 울렸다.

"조앤 롤링 씨인가요?"

"네, 전데요. 누구시죠?"

"여긴 병원입니다. 며칠 전에 상담 오셨었지요?"

"네, 처방도 받았어요."

"전 담당 의사입니다. 전에 오셨을 때 임시로 있던 의사가 처방을 제대로 못 해 드린 것 같아서요. 시간 되실 때 다시 병원으로 와 주시겠습니까?"

다음 날 조앤은 다시 병원에 갔다. 조앤은 담당 의사와 긴 시간 동안 상담했다. 진단 결과 조앤은 심각한 우울증이었다.

"조앤 롤링 씨, 당신에게 가장 위안이 되는 일은 무엇인가요?"

조앤은 곰곰이 생각한 끝에 대답했다.

"글을 쓰는 거예요."

"그럼 가장 잘하는 일은 무엇인가요?"

조앤은 잠시 생각한 뒤 대답했다.

"음……, 글 쓰는 것이요."

"그럼 가장 즐거운 일은 무엇인가요?"

조앤은 활짝 웃었다.

"역시 글쓰기예요."

"그래요. 당신에게 가장 위안이 되고, 잘할 수 있고, 즐거운 일을 계속하세요. 그래야 당신의 우울증이 치료될 겁니다."

조앤은 집으로 가자마자 노트를 꺼냈다.

"그래! 내겐 해리 포터 이야기가 있었어."

하지만 조앤은 이 이야기를 계속 쓰는 것이 옳은지 자신이 없었다. 결국 조앤은 디를 만나서 해리 포터 이야기를 보여 주기로 결심했다.

"언니, 이게 뭐야?"

디는 조앤이 내민 노트를 받아들었다.

"응, 예전부터 쓴 이야기야."

"정말? 여전히 쓰고 있었구나. 언니가 쓴 이야기라니 기대되는 걸? 얼른 읽어 봐야지."

디는 첫 장부터 꼼꼼히 읽었다. 때로는 심각한 표정으로, 때로는 환한 웃음으로 읽는 디를 보면서 조앤은 부끄러웠다. 하지만 디의 표정만 봐도 힘이 나는 것 같았다.

"언니, 너무너무 재미있어! 어떻게 이런 생각을 떠올렸어? 이건 정말 세상에서 최고로 재미있는 이야기야!"

디는 박수를 치며 놀라워했다. 조앤은 여전히 부끄러워하며 조심스럽게 물었다.

"정말 재미있어? 진짜로?"

"응, 당연하지. 언니, 무슨 일이 있어도 꼭 완성해. 알았지? 여기서 멈추기에는 너무 아까워."

조앤은 그제서야 안도의 한숨을 내쉬었다. 그러고는 디의 두 손을 꽉 잡았다.

"그래, 완성해 볼게. 이 이야기가 나를 구원해 줄 거야."

세상을 바꾼 상상력

"세상을 바꾸는 데는 마법이 필요하지 않습니다.
이미 그 힘은 우리 내면에 존재합니다.
우리에게는 더 나은 세상을 상상할 수 있는 힘이 있습니다."

갓난아이의 엄마이자 이혼녀인 조앤이 글쓰기에만 매달리는 것은 쉬운 일이 아니었다. 이야기를 쓸수록 조앤의 머릿속은 더 복잡해졌다.

'나 혼자만의 즐거움으로 끝나는 건 아닐까. 아냐, 그렇더라도 내게는 꼭 필요한 과정이야. 하지만 제시카의 우윳값은 어쩌고? 생활비는?'

이런 생각에 조앤은 글을 쓰다가도 여러 번 펜을 놓았다. 그러다가 다시 정신을 차리고 펜을 쥐었다.

조앤은 현실적인 문제와 고민거리를 애써 밀어내면서 한 줄씩 글을 써 나갔다. 하지만 조앤의 현실은 너무 혹독했다.

겨울이 되자 집 안에 있어도 너무 추웠다. 제시카의 볼은 찬 공기 때문에 늘 발갛게 얼어 있곤 했다. 아이의 구멍 난 양말은 몇 번이고 바느질해서 다시 신겼다.

"우리 아가가 엄마 때문에 고생하는구나. 이렇게 글을 쓴다고 네 우윳값이 나오는 것도 아닌데……."

조앤은 제시카의 차가운 볼을 쓰다듬으며 눈물을 흘렸다. 디가 생활비를 조금씩 주고 있었지만 언제까지나 동생의 도움만 받을 수는 없었다.

"이대로는 안 되겠어. 생활보조금이라도 신청해야지."

조앤은 큰 결심을 하고 시청으로 향했다. 대학까지 졸업한 그녀가 생활보조금을 신청한다는 건 자존심 상하는 일이었다. 하지만 지금 이 상황에서 조앤은 오로지 제시카의 우윳값이 걱정될 따름이었다.

"저……, 생활보조금을 신청하러 왔는데요."

"여기에 있는 항목들을 모두 작성하세요."

담당자가 종이 한 장을 내주었다. 조앤은 항목들을 모두 작성한 후 담당자에게 다시 주었다. 종이를 모두 읽어 본 담당자가 조

앤을 잠깐 훑어봤다. 그 눈빛에는 아까와는 다르게 한심하다는 의미가 담겨 있었다. 담당자와 눈이 마주친 조앤은 마음에 큰 상처를 받았다. 얼굴이 화끈거릴 정도로 자존심도 상했다. 하지만 조앤은 고개를 흔들며 마음을 다잡았다.

'제시카에게 우유를 먹이면서 글을 계속 쓰려면 이 방법밖에 없어. 그러니 지금 자존심 상하는 건 참자.'

생활보조금으로는 난방을 충분히 할 수 없었다. 하지만 제시카의 우윳값으로는 충분했다. 생활보조금을 신청한 뒤부터 조앤은 집 근처 공원에서 제시카가 잠들 때까지 산책했다. 그러다가 제시카가 잠들면 카페에 들어갔다.

"안녕하세요? 오늘도 오셨네요?"

카페의 종업원이 조앤에게 인사했다. 조앤은 쑥스러운 미소로 답했다. 조앤은 항상 이 카페의 구석 자리에서 제시카가 깰 때까지 글을 썼다. 커피는 늘 한 잔만 주문했다.

처음에는 싫은 티를 내던 종업원들도 시간이 지나자 조앤에게 반갑게 인사했다. 어떤 종업원은 정신없이 글을 쓰는 조앤의 모습을 가만히 바라보기도 했다.

"아, 이러지 않으셔도 되는데……."

"부담 갖지 마세요. 한 잔 정도는 괜찮습니다."

한 종업원이 활짝 웃으며 조앤의 빈 커피 잔에 커피를 가득 따라 주었다. 조앤은 커피 서비스의 따뜻함에 힘입어 이야기를 거침없이 써 내려갔다.

마침내 1995년 여름, 조앤은 〈해리 포터와 마법사의 돌〉 원고를 완성했다.

원고는 완성했지만 조앤은 시간이 나는 대로 다시 읽고 고치는 작업을 계속했다. 얼마나 많이 보았는지 긴 내용을 글자 하나 틀리지 않고 모두 외울 정도였다.

계속되던 수정 작업이 끝난 날이었다. 조앤은 제시카를 번쩍 안아 올렸다.

"제시카! 엄마가 드디어 이 이야기를 완성했단다. 그동안 우리 제시카도 너무 고생 많았어."

조앤은 제시카를 품에 꼭 안았다. 눈을 꼭 감으니 지난 시간들이 스쳐 지나갔다. 원고만 끝냈을 뿐이었지만 이미 조앤의 우울증은 날아간 지 오래였다.

조앤은 원고를 가지런히 모아 디에게 내밀었다.

"디, 드디어 완성했어. 읽어 봐."

디는 조앤이 원고를 다 썼다는 말을 듣고 파티를 열려고 했다. 하지만 조앤은 디의 진심 어린 의견이 무엇보다 필요했다.

언니의 마음을 이해한 디는 파티 대신 한걸음에 조앤을 찾아왔다. 디는 흥분된 얼굴로 원고를 한 장 한 장 읽었다.

"언니, 정말 대단해. 많은 사람들이 이 이야기에 흠뻑 빠지고 말 거야. 정말 재미있어."

"다행이다. 네가 재미있게 읽었으면 됐어."

"언니, 이 이야기는 우리끼리만 보기에는 너무 아까워. 많은 사람들이 볼 수 있게 출판을 해야지."

"출판?"

"응, 출판을 해 보자!"

디가 가고 난 뒤, 조앤은 곰곰이 생각했다.

'이 이야기를 책으로 내도 될까? 디는 좋아했지만 다른 사람들은 이상한 이야기라고 생각할 거야. 더구나 책으로 내자는 출판사가 있기나 할까?'

조앤은 일이 손에 잡히지 않았다.

"하지만 난 더 이상 잃을 게 없어. 어떤 상황이 오더라도 지금보다 더 최악일 수는 없을 거야. 그래, 기회가 되는 대로 출판을 해 보자."

이렇게 결심했지만 조앤은 출판 과정에 대해 아는 것이 하나도 없었다. 이리저리 궁리하던 조앤은 우선 출판사 한 곳에 전화를 걸어 보기로 했다.

"안녕하세요? 문의할 게 있어서요. 제가 쓴 원고가 있는데 이것을 출판하려면 어떻게 해야 하나요?"

"출판사에서 원고를 채택할 때에는 에이전시의 도움을 받습니다. 우선 에이전시로 보내세요."

출판사 직원은 이렇게 대답한 뒤 전화를 끊었다.

조앤은 도서관에 가서 에이전시 주소 목록을 찾았다. 그런 뒤 낡은 타자기로 〈해리 포터와 마법사의 돌〉을 타이핑했다. 복사할 돈이 없어서였다. 조앤은 이렇게 준비한 원고를 에이전시에 보냈다.

'제발 출판만이라도 되었으면……'

조앤은 하루하루 간절한 심정으로 기도했다. 제시카도 엄마의 마음을 아는 듯했다. 울지도 않고 크고 맑은 눈을 깜빡이며 엄마를 응원했다.

하지만 며칠이 지나도 연락이 오지 않았다. 조앤은 매일 속이 타들어가는 심정이었다.

'내 원고를 마음에 들어 하는 출판사는 없는 걸까?'

어느덧 시간이 흘러 겨울이 다가왔다. 그동안 조앤에게 온 것은 출판을 거절하는 편지 두 통뿐이었다.

'내 이야기는 여기에서 끝인 건가……'

기다리다 지친 조앤은 모든 것을 포기하고 싶었다.
바로 그날, 조앤에게 반가운 편지가 도착했다.

> 귀하가 보내 주신 원고는 잘 읽어 보았습니다.
> 귀하의 원고에서 많은 가능성을 발견했습니다.
> 저희는 귀하의 원고가 출판될 수 있도록 최선을 다하겠습니다.

크리스토퍼 리틀 에이전시에서 온 편지였다. 조앤은 편지를 읽고 또 읽었다. 수십 번을 읽어도 믿어지지 않았다.
"아……, 내 원고가 출판될 가능성이 생긴 거야!"
조앤은 바로 크리스토퍼 리틀 에이전시와 계약했다. 이 에이전시에서는 〈해리 포터와 마법사의 돌〉이 출간될 수 있도록 모든 정성을 쏟았다.
에이전시 담당자는 꽤 규모가 있는 출판사들에 조앤의 원고를 보냈다. 하지만 거절하는 편지가 하나둘씩 도착했다. 그들은 조앤의 원고가 너무 길고 지나치게 문학적이어서 출간하기 어렵다고 답변을 보내 왔다.
"조앤 롤링 씨, 너무 걱정하지 마세요. 저희는 이 원고의 무한한 가능성을 믿고 있습니다. 곧 우리 에이전시에서 증명해 보일 거예요. 그러니 조금만 더 기다려 보자고요!"

에이전시의 대표인 크리스토퍼 리틀 씨는 틈이 날 때마다 조앤에게 전화를 걸어 격려했다. 조앤은 전화를 받을 때마다 위안이 되었지만 그래도 자꾸 우울해지는 건 어쩔 수 없었다. 그럴 때마다 조앤은 동네 서점으로 향했다.

"내 책도 언젠가는 저 진열대에 놓일 수 있을 거야."

조앤은 미래의 행복한 날을 상상하며 기분을 달래었다.

1996년, 마침내 블룸즈베리 출판사가 〈해리 포터와 마법사의 돌〉을 출판하기로 결정했다. 크리스토퍼 리틀 씨는 조앤에게 바로 전화를 걸어 이 소식을 전해 주었다.

"아, 정말인가요?"

조앤은 목이 메어 말을 잇지 못했다.

"네, 사실입니다. 축하합니다."

크리스토퍼 리틀 씨가 밝은 목소리로 말했다.

"그런데 조앤 롤링 씨, 계약금이 270만 원밖에 되지 않는데 괜찮으시겠습니까?"

"네, 그럼요. 전 책이 나온다는 것만으로도 충분히 만족해요. 금액은 괜찮습니다."

조앤의 상상력이 세상의 인정을 받은 첫 순간이었다.

☆

『해리 포터와 마법사의 돌』은 출간되자마자 폭발적인 반응을 얻었다. 언론에서도 앞다투어 『해리 포터와 마법사의 돌』의 인기에 대해 보도했다. 어느 날 갑자기 혜성처럼 등장한 무명작가에 대한 찬사도 계속되었다.

1997년, 이탈리아에서 '볼로냐 아동도서전'이 열렸다. 매년 열리는 이 도서전에는 세계 각국의 출판 관계자들이 몰렸다. 미국 뉴욕 스콜라스틱 출판사의 편집장인 아서 A. 리바인 씨는 전시된 책을 둘러보다가 『해리 포터와 마법사의 돌』을 집어 들었다. 영국에서의 인기를 입증하듯 이미 이 책의 입찰가는 상당한 수준이었다. 이 책을 발견한 아서는 바로 출판사로 전화를 걸었다.

"사장님, 이번 볼로냐 도서전에서 아주 멋진 책을 발견했어요. 모든 것을 걸고서라도 이 책의 미국 출판권은 우리가 꼭 따야 합니다. 모든 책임을 지겠으니 제게 맡겨 주세요."

뒤늦게 이 소식을 들은 조앤은 잠을 이룰 수가 없었.

"금액은 상관없어. 그냥 글 쓰는 일만 계속할 수 있다면······."

조앤은 너무 긴장이 되어서 책상 앞에 앉았다. 마음을 가라앉히는 데에는 글을 쓰는 게 최고였다. 조앤이 겨우 흥분된 마음을 가라앉히고 글에 몰두하고 있을 때였다. 전화벨이 요란하게 울렸다.

"조앤 롤링 씨, 마음의 준비를 단단히 하세요. 미국의 스콜라스틱 출판사가 『해리 포터와 마법사의 돌』 미국 출판권을 1억 원이 넘는 돈으로 샀답니다!"

"네? 1억 원이요?"

조앤은 자신의 귀를 의심했다. 1억 원이라는 돈이 얼마나 큰 액수인지 짐작하기도 어려웠다.

"세상에, 내게도 이런 날이 오다니!"

조앤은 전화를 끊고 그 자리에 주저앉아 기쁨의 눈물을 흘렸.

하지만 갑자기 얻게 된 인기와 부는 조앤을 부담스럽게 만들었다. 특히나 조앤은 힘들었던 시절의 이야기가 아무렇지도 않게 사람들의 입에 오르내리는 것이 괴로웠다. 하지만 그때마다 조앤은 책상에 놓인 『해리 포터와 마법사의 돌』을 펼쳐 보았다.

"이 책이 나를 그 지독한 우울증과 가난으로부터 구해 주었어. 부담스러운 사람들의 관심도 나로서는 감사해야 할 일이야. 그래, 믿을 수 없이 놀랍고 감사한 일……."

조앤은 자신의 책을 좋아하는 독자들에게 작게라도 보답하고 싶었다. 그래서 출판사의 요구에 따라 독자들과 직접 만나는 시간을 가졌다.

책에 대한 이야기를 모두 마치고 사인회 자리가 마련되었다.

참석한 독자들이 한 줄로 서서 사인을 받았다. 그런데 한 꼬마가 『해리 포터와 마법사의 돌』을 조앤에게 내밀며 말했다.

"아무도 오지 않았으면 좋겠다고 생각했어요."

조앤은 놀란 눈으로 아이를 쳐다보았다.

"왜 그런 생각을 했니?"

"이 책은 저에게 아주 특별하거든요."

"아!"

조앤은 자신의 이야기가 어린아이들에게 얼마나 큰 영향을 주었는지 새삼 깨달았다. 그리고 그 아이의 순수한 마음에 감동을 받았다.

'아이들의 상상력을 자극하고 아이들에게 희망을 심어 주는 글을 써야지.'

☆

『해리 포터와 마법사의 돌』은 한 해 동안 무려 7만 부가 넘게 팔렸다. 그리고 2권인 『해리 포터와 비밀의 방』은 출간되자마자 베스트셀러가 되었다.

또한 1997년 11월, 『해리 포터와 마법사의 돌』은 영국의 뛰어난 어린이책에 수여되는 '스마티즈상'을 받았다. 그밖에도 '올해의 우수 어린이책'에 선정되기도 했다.

기적은 끝나지 않았다. 연이어 출간된 해리 포터 시리즈는 27개의 언어로 번역되어 전 세계적으로 3,000만 부가 넘게 팔려 나갔다. 뿐만 아니라 미국 워너브라더스 사와 계약을 맺어 영화로 제작되기도 했다. 2001년에는 영국 찰스 황태자로부터 훈장까지 받아, 조앤은 돈과 명예를 모두 얻게 되었다.

이제 세계에서 손가락에 꼽히는 부자가 되었다. 그리고 세계에서 가장 영향력 있는 사람 중 한 사람이 되었다. 생활보조금을 타서 딸을 키우던 이혼녀가 이제는 전 세계인들에게 큰 영향을 끼치는 사람이 된 것이다.

하지만 조앤은 자신의 과거를 잊지 않았다. 그리고 단지 베스트셀러 작가만으로 머무르기를 거부했다. 그녀는 진정으로 사회의 정의를 실천하는 사람이 되고자 했다. 무엇보다 조앤은 자신의 불행했던 과거와 현재의 성공을 사람들에게 알리면서 희망을 심어 주고자 노력했다.

2008년 6월, 조앤은 하버드대학교 졸업생들 앞에 섰다. 세상을 향해 첫발을 내딛는 그들에게 조앤은 다음과 같이 외쳤다.

"세상을 바꾸는 데는 마법이 필요하지 않습니다. 이미 그 힘은 우리 내면에 존재합니다."

계속해서 그녀의 감동적인 연설이 이어졌다.

"제가 젊었을 때 가장 두려웠던 것은 가난이 아니라 실패였습니다. 여러분들은 젊고 재능이 있고 훌륭한 교육을 받았기 때문에 어려움이나 고통을 알지 못한다고 생각하지는 않습니다.

하지만 여러분이 하버드대학교 졸업생이라는 사실은 곧 실패에 익숙하지 않다는 뜻이기도 합니다. 성공에 대한 열망만큼 실패에 대한 공포가 여러분의 행동을 좌우할 것입니다.

저는 대학을 졸업하고 7년 동안 계속되는 실패를 겪었습니다. 행복한 결혼 생활을 누리지 못했고 실업자 신세였으며 가난까지 닥쳤습니다. 누가 봐도 전 실패한 사람이었습니다.

그 시기에 저는 정말 힘들었고, 그 긴 터널이 언제 끝날지도 알 수 없었습니다. 그렇다면 왜 저는 실패의 미덕에 대해 말하려고 하는 걸까요? 그 이유는 실패가 제 삶에서 불필요한 것들을 없애 주었기 때문입니다.

저는 스스로를 속이는 것을 그만두고 제 모든 에너지를 가장 중요한 일에 쏟기 시작했습니다. 제가 가장 두려워했던 실패가 현실이 되어 버렸기 때문에 오히려 저는 자유로워질 수 있었습니다. 실패한 삶이었지만 저는 살아 있었고, 사랑하는 딸이 있었습니다. 그리고 낡은 타자기와 엄청난 아이디어가 있었지요.

가장 밑바닥에 닿았던 경험이 제가 인생을 새로 세울 수 있는 단단한 기반이 되어 준 것입니다. 여러분은 저처럼 큰 실패는 하지 않을 거라 믿습니다. 하지만 인생에서 여러 번의 실패는 피할 수 없습니다. 또 실패 없이는 진정한 자신과 진정한 친구에 대해 알 수 없습니다. 이 두 가지를 아는 것이 진정한 재능이고 그 어떤 자격증보다 가치가 있습니다.

타임머신을 타고 대학을 졸업하던 날로 돌아간다면 '인생은 성취한 일의 목록이 아니라는 것을 알면 행복할 수 있을 것'이라고 제 자신에게 말해 주고 싶습니다.

지금부터 상상력에 대해 이야기하고자 합니다. 전 보다 넓은 의미의 상상력에 대한 가치를 꼭 여러분께 말하고 싶습니다.

상상력은 모든 발명과 혁신의 원천입니다. 그리고 자신이 직접 경험하지 못한 타인의 경험에도 공감할 수 있게 만드는 힘입니다.

저는 20대 초반에 런던에 있는 국제사면위원회에서 일했습니다. 이곳에는 세계 각국에서 고문당한 사람이나 억울하게 사형된 사람들의 사진과 사연이 쏟아져 들어왔습니다.

저는 독재국가의 비리를 전 세계에 폭로해 사형된 어머니의 소식을 듣고 울부짖는 젊은이도 보았습니다. 인간이 다른 인간에게 얼마나 사악한 일을 저지를 수 있는지 매일 보고 듣고 읽었습니다.

반면에 저는 그곳에서 다른 사람의 아픔에 공감하는 힘도 느낄 수 있었습니다.

감옥에 갇힌 적도 없고 고문도 받은 적이 없는 평범한 사람들이 다른 사람들을 위해 열심히 일하고 있었습니다. 이처럼 사람만이 다른 사람들의 마음을 헤아릴 수 있고, 다른 사람들의 처지를 상상할 수 있습니다.

물론 이러한 상상력은 제 책에 나오는 마법과 같이 선할 수도 있고 악할 수도 있습니다.

어떤 사람들은 이 힘을 여론을 조종하고 사람들을 통제하는 데 씁니다. 하지만 어떤 사람들은 이 힘을 다른 사람을 이해하고 돕는 데 사용합니다.

플루타르크는 우리가 내면에서 성취한 것이 우리 밖의 현실을 바꿀 것이라고 했습니다. 우리는 바깥세상과 피할 길 없이 연결돼 있고 우리의 존재가 다른 사람의 삶에 영향을 줄 수 있다는 것입니다.

여러분은 다른 사람들의 삶에 어떻게 영향을 줄 계획인가요?

여러분의 지성과 능력, 그리고 여러분이 받은 교육은 특별한 지위와 함께 특별한 책임감을 부여할 것입니다.

오늘 이 자리에 모인 여러분은 대부분 초강대국의 국민입니다. 여러분이 투표하고 저항하고 정부에 압력을 넣는 행동은 국경을 뛰어넘어 큰 영향을 미칠 것입니다. 그것이 여러분의 특권이자 책임입니다.

여러분이 가진 지위와 영향력을 자기 목소리를 내지 못하는 사람들을 위해 사용해야 합니다. 힘없는 사람들과 자신을 동일시해야 합니다. 이런 사람들의 삶을 상상하는 힘을 간직한다면 여러분의 가족뿐만 아니라 전 세계의 소외된 사람들이 여러분의 졸업을 축하할 것입니다.

세상을 바꾸는 데는 마법이 필요하지 않습니다. 이미 그 힘은 우리 내면에 존재합니다. 우리에게는 더 나은 세상을 상상할 수 있는 힘이 있습니다."

작가의 말

꿈의 씨앗을 퍼트린 조앤 롤링

    세계적인 베스트셀러인 '해리 포터' 시리즈를 모르는 사람은 많지 않을 것입니다. 물론 그 책을 쓴 조앤 롤링도 아주 유명한 사람이 되었습니다. 그래서인지 조앤 롤링에 대한 책들도 많이 출판되었고, 이 책 역시 조앤 롤링에 대한 이야기입니다.

    제가 이 책을 쓰면서 고민한 것이 있습니다. 그것은 어린이 여러분이 조앤 롤링의 이야기를 어떻게 읽을까에 관한 것이었습니다. 조앤 롤링의 어린 시절부터 현재까지의 삶을 다룬 이 책에서 어린이 여러분이 무엇을 얻고 무엇을 깨닫게 될까 여러 번 고민했습니다.

    조앤 롤링에 대한 책이 이미 많이 나와 있어서 이런 고민은 당연한 것이었는지도 모릅니다. 오랜 고민 끝에 이것만은 제대로 전

달하리라 마음을 먹었습니다. 그것은 조앤 롤링에게도 중요했고, 저에게도 중요하며, 어린이 여러분에게도 꼭 필요한 '꿈' 입니다.

  조앤 롤링은 어린 시절부터 '작가' 가 되겠다는 꿈을 꾸지는 않았습니다. 그녀는 책을 읽는 것을 즐겼을 뿐이었습니다. 하지만 그녀가 책을 읽거나 이야기를 지어 내며 느낀 즐거움은 자신도 모르는 사이에 꿈의 씨앗이 되었습니다.

  하지만 조앤 롤링은 갖은 시련과 고난을 겪어야 했습니다. 그녀는 좌절하며 절망에 빠져 있었습니다. 한 치 앞이 캄캄하기만 했던 때, 그녀 스스로 발견하여 싹을 틔운 것은 가슴에 품고 있었던 그 '꿈' 이었습니다. 물론 꿈을 이루기 위해 한 발씩 나아가는 과정은 쉽지 않았습니다. 하지만 싹을 틔운 꿈은 그녀에게 등불이

자 등대가 되어 주었습니다. 조앤 롤링은 무사히 절망의 터널을 빠져 나왔고, '해리 포터' 시리즈를 통해 전 세계 어린이들에게 환상적인 마법 세계를 선사했습니다. 조앤 롤링의 가슴 속에 심어졌던 꿈의 씨앗이 지구촌 어린이들에게까지 널리 퍼진 것입니다.

  저는 이 책을 쓰면서 사람에게 꿈이 얼마나 중요한지에 대해 많은 생각을 했습니다. 꿈은 절망의 구렁텅이에서 빠져나올 수 있게 해 줍니다. 그리고 지금 이 순간을 즐기며 열심히 살 수 있게 해 줍니다. 저 역시 이 책을 쓰면서 막막하게만 느껴졌던 꿈을 향해 한 발짝 나아갈 수 있는 용기가 생겼습니다.

  여러분도 이 책을 읽으면서 조앤 롤링에게 꿈이란 어떤 것이었는지 생각해 보세요. 그리고 여러분의 꿈은 무엇인지, 꿈을 위해 어떤 노력을 하고 있는지 떠올려 보세요.
　여러분이 조앤 롤링의 이야기를 읽으면서 스스로의 꿈의 가치를 느꼈으면 하는 바람입니다.

2011년 2월, 김경순

꿈을 주는 현대인물선 7
해리 포터의 작가 조앤 롤링
김경순 글 | 이지훈 그림

2011년 2월 23일 처음 찍음
펴낸이 안성호
편 집 안주영
디자인 박은숙
펴낸곳 리젬
출판등록 2005년 8월 9일 제 313-2005-00176호
주 소 121-900 서울시 마포구 망원1동 485-14 진흥하임빌 401호
대표전화 02)719-6868 **편집부** 02)3141-6024 **팩스** 02)719-6262
홈페이지 www.ligem.co.kr
전자우편 iezzb@hanmail.net

ⓒ김경순

* 잘못 만들어진 책은 바꾸어 드립니다.
* 이 책의 무단 복제와 전재를 금합니다.
* 책값은 뒤표지에 표시되어 있습니다.

이 도서의 국립중앙도서관 출판시도서목록(CIP)은 e-CIP 홈페이지(http://www.nl.go.kr/ecip)에서 이용하실 수 있습니다. (CIP제어번호: CIP2011000627)

ISBN 978-89-92826-47-1